T0349420

LA MANO Y LA INTELIGENCIA DEL NIÑO

MARIA
Montessori

Daniele Novara
y Laura Beltrami

LA

Y LA
INTELIGENCIA
DEL NIÑO

La importante relación entre la mente,
el cuerpo y el movimiento

Urano

Argentina – Chile – Colombia – España
Estados Unidos – México – Perú – Uruguay

Título original: *L'intelligenza delle mani*
Editor original: Originally published by BUR Rizzoli, Milano, Italy.
Traducción: Marta García Madera

1.ª edición: septiembre 2024

Copyright © 2023 by Mondadori libri S.p.A.,
All Rights Reserved
© 2024 de la traducción *by* Marta García Madera
© 2024 *by* Urano World Spain, S.A.U.
Plaza de los Reyes Magos, 8, piso 1.º C y D – 28007 Madrid
www.edicionesurano.com

ISBN: 978-84-18714-60-3
E-ISBN: 978-84-10365-02-5
Depósito legal: M-16.614-2024

Fotocomposición: Urano World Spain, S.A.U.

Impreso por: Rotativas de Estella – Polígono Industrial San Miguel
Parcelas E7-E8 – 31132 Villatuerta (Navarra)

Impreso en España – *Printed in Spain*

Índice

Con Maria Montessori por un nuevo comienzo

de Daniele Novara

La historia de Maria Montessori es ejemplar: una de las primeras mujeres en graduarse en medicina, con no pocas y obvias dificultades en un mundo completamente dominado por los hombres, se involucró inmediatamente en el movimiento de emancipación de la mujer e inició su actividad profesional en el sector que en su época se definía como «de los deficientes», y que hoy llamaríamos de las «enfermedades mentales y psiquiátricas».

Trabajó junto a Giuseppe Montesano con quien mantuvo una relación (que no se tradujo en matrimonio) de la que nació un hijo cuando ella tenía 28 años. De acuerdo con su compañero y padre de la criatura, el niño se confió a una familia de las Lagunas Pontinas. Este sufrimiento marcó la vida de Maria y provocó que centrara por completo su interés profesional en los niños. En este ámbito, aplicó lo que era el espíritu de la época desde un punto de vista científico: positivista y muy concreto. Recuperó los materiales de Édouard Séguin y Jean Itard, que habían trabajado tanto con los denominados niños «deficientes» a principios del siglo xix, en plena revolución ilustrada-rousseauniana y sobre esa base construyó sus extraordinarios materiales, con los que obtuvo resultados excepcionales precisamente en la alfabetización de niños con discapacidad intelectual. Unos resultados que, a principios del siglo xx impresionaron a representantes importantes de la burguesía romana, donde Maria Montessori hizo los primeros experimentos que le permitieron abrir, en 1907, la famosa Casa de los Niños en el barrio de San Lorenzo.

Unos años después (1912), publicó su *Método*, una gran obra muy reflexiva sobre los dispositivos, materiales y organización de sus escuelas, que en ese período se habían empezado a extender por todo el mundo. Durante el fascismo, Mussolini intentó «apropiarse» de Maria Montessori, debido a su fama internacional, pero la operación fracasó: su método no pudo ni puede tener ninguna afinidad con el despotismo. Llegó un momento en el que se vio obligada a abandonar Italia. Un régimen totalitario no quiere tener escuelas donde los niños sean respetados como individuos pensantes, porque esto constituiría un peligro para el sistema. Es el mismo motivo por el que no hubo escuelas Montessori en España durante la dictadura franquista ni en la Alemania de Hitler.

Vale la pena recordar los fundamentos científicos y pedagógicos en los que se basa la revolución de Maria Montessori: 1) El niño y la niña representan los cimientos de la vida humana, es decir, perfilan las condiciones para que sea digna de ser vivida. Hacer las cosas correctas en la infancia, al menos en los seis primeros años, da lugar a lo que incluso los grandes científicos definieron como la construcción de una «base segura». Montessori lo intuyó en una época en la que la atención que se prestaba a los niños no era la que se fomenta hoy. 2) Libertad: la introducción del tema de la libertad en el sistema educativo supuso una gran novedad. Un siglo antes, Rousseau lo había declarado en *Émile*, pero Montessori lo concretó en un método: son los niños quienes eligen qué hacer y qué no, y cómo organizarse. 3) Para ayudar a los niños a crecer bien se necesita un método, y ella inventó uno basado en la construcción de un ambiente donde los niños puedan adquirir experiencia y donde los adultos apoyen dichas experiencias sin reemplazarse unos a otros, y donde la sensorialidad construya el aprendizaje.

Las manos están en el núcleo de la pedagogía Montessori. No son solamente un órgano sensorial, sino un lugar dedicado al desarrollo cognitivo de todas las inteligencias de niños y niñas. Hoy, las neurociencias confirman que, en los primeros meses de un recién nacido, el uso de las manos establece con el entorno relaciones neurocerebrales de una importancia extraordinaria para el desarrollo. Maria Montessori tuvo esta intuición en una época en la que la mayoría de los recién nacidos se seguían vendando en la cuna, a pesar de las invectivas de Jean-Jacques Rousseau contra esta práctica considerada una vejación total. Dicho vendaje bloqueaba, en primer lugar, las manos, que se consideraban no solo un peligro, sino más bien una responsabilidad para las personas que debían cuidarlos. ¿Qué podría ser más fácil que encerrarlas en aquel vendaje que toda la iconografía artística del Renacimiento, de los siglos XVIII y XIX retrata sin inmutarse? Maria Montessori liberó las manos de los niños, que dejaron de considerarse un peligro para ellos y para el ambiente que los rodeaba, y se convirtieron en una oportunidad de aprendizaje. Al usarlas, la sensorialidad adquirió una dimensión material que construyó las condiciones de su método, basado en el contacto visual y manual con los materiales adoptados en sus múltiples aplicaciones; sobre todo, de las famosas letras esmeriladas. Montessori intuyó lo que sabemos hoy sin tener que referirnos a su brillante anticipación, es decir, el aprendizaje es ante todo motor y nunca una cuestión puramente abstracta y mental. Ocurre cuando los niños viven acciones concretas, movimientos, contactos, experiencias materiales. Cierta academia pedagógica acusó a Maria Montessori de proponer solo «trabajitos». Por desgracia, los métodos para denigrarla y mantenerla alejada de su tierra fueron particularmente refinados, feroces y crueles.

Hoy, más de setenta años después de su muerte, Maria sigue viva, tanto a nivel nacional como internacional, en la conciencia de que los niños, incluso en un mundo extremadamente cambiado e hipertecnológico, siguen siendo los mismos, con las mismas necesidades: trepar a un árbol, seguir las líneas de un número en un material preparado, usar las manos para construir su propio crecimiento.

Volver sobre los pasos de la mayor pedagoga de la época moderna no significa viajar al pasado. Al contrario, significa construir un nuevo comienzo donde sus palabras puedan usarse para cumplir la promesa que cada generación le hace a la siguiente: os daremos las mejores oportunidades de crecer libres, felices y en el centro de vuestros recursos.

La mano y la
inteligencia del niño

Los niños aprenden haciendo

de Laura Beltrami

Maria Montessori era una científica experta en la infancia. Adquirió conocimientos con estudios en profundidad gracias también a una experimentación constante y metódica.

Entre finales del siglo XIX y la primera mitad del siglo XX, Montessori estudió y observó el desarrollo de sus alumnos ¡y dedujo principios que fueron confirmados por estudios neurocientíficos más de cincuenta años después!

De todos los aspectos que abordó, la educación de los sentidos y el desarrollo a través de ellos tuvo un papel fundamental.

Montessori constató que el desarrollo mental está conectado con el movimiento y depende de él. Vamos a intentar comprender lo que quería decir antes de leer cómo lo explica ella.

La premisa que nos dan los últimos estudios es la neuroplasticidad del cerebro infantil. ¿Qué significa eso? Nacemos inmaduros y nuestro cerebro madura gradualmente durante el período de crecimiento y, en parte, de por vida.

No es una maduración de tipo cuantitativo sino relaciona-
da con la conexión y la comunicación de las neuronas, es decir, con cómo están «cableadas» las diferentes áreas de nuestro
cerebro entre sí.

Entonces, ¿cómo se pueden mejorar estas conexiones?
Gracias a los estímulos que nos llegan del ambiente y a experiencias sensoriomotoras, ¡precisamente lo que sostenía Montessori! Por tanto, la inmadurez de los niños también es una
ventaja, porque la interacción con el ambiente contribuye a
formar y perfeccionar las conexiones. Nacemos con nuestro
patrimonio genético, pero el ambiente en el que crecemos
puede marcar sin duda la diferencia. Por tanto, el ambiente y
la experiencia son dos grandes maestros, y tendremos la oportunidad de leer y hablar de dichos puntos más adelante. Ob
viamente es clave cómo nosotros, los adultos, acompañamos
a los niños: qué concedemos, qué ofrecemos y qué les nega-
mos, en una mezcla inteligente de posibilidades y necesidades. Montessori dice que el niño necesita ayuda no porque
sea débil, sino para apoyar las grandes energías creativas que
posee.

Por lo tanto, Montessori había comprendido que el cerebro de los niños tiene un potencial enorme y que ese potencial
se desarrolla mediante la experiencia, pero hay más...

Los neurocientíficos han estudiado en qué sentido las actividades sensoriales y motoras son los ladrillos básicos sobre
los que se construyen las diferentes funciones cognitivas. Las
funciones motoras no importan menos que las cognitivas,
como podrían hacernos creer. Podríamos sentir la tentación
de pensar que la lectura es una actividad intelectualmente más
estimulante que perseguir una pelota. Al contrario: el cuerpo
y los movimientos son el origen de comportamientos abstractos como el lenguaje. ¿Cómo?

El cuerpo es nuestra forma de entrar en contacto con el mundo: un bebé recién nacido también experimenta esto. Lo toman en brazos, lo cambian, lo acarician, lo amamantan, lo duermen. Estos gestos y las emociones relacionadas con ellos se convierten en aprendizaje. El recién nacido interioriza que estas acciones tienen un patrón común: se basan en pasos sucesivos, están encadenadas, son consecuenciales. Al crecer, el niño empieza a hacer movimientos gruesos: gira la cabeza, mueve los brazos, imita las expresiones del rostro de su madre. Estos se convierten en patrones motores y memoria muscular en los que se desarrollará el aprendizaje lingüístico. El niño aprende a hablar primero abriendo y cerrando la boca, después, emitiendo sonidos, conectando al sonido la aparición de su madre y, por último, intentando emitir el sonido para llamar a su madre. Son cadenas de movimientos que se memorizan por repetición y que adquieren intencionalidad y significado.

Por lo tanto, podemos decir que la maduración de las áreas motoras llega antes que las demás, y las conexiones de las áreas motoras y sensoriales es determinante para todo el desarrollo.

Si estas primeras conexiones no se han asentado, se resiente también el resto de la trama. Demos a los niños su tiempo y la medida correcta. Si un pequeño empieza a andar, se mueve por primera vez en el espacio, debe coordinar los gestos, regular las distancias; está conectando las áreas visuales y las motoras, es ya un gran trabajo. No sirve de nada pedirle que aplauda, que sonría a la tía que quiere hacerle un vídeo ni que cante la cancioncita del fondo.

Observando y actuando, el niño logra aprendizajes concretos que se transformarán en conceptos abstractos. Démosles la posibilidad de hacerlo. Esto es básico para Montessori.

Es consciente de que los niños aprenden haciendo, nos muestra cuánto ayuda el movimiento al desarrollo que se expresa en otro movimiento. Montessori dice que para el trabajo mental no es necesario estar sentados, que se aprende observando y haciendo, con las manos, con el cuerpo: que un millar tiene un peso concreto en el número de cuentas que lo componen, que los pequeños cilindros de madera encajan en el bloque que los contiene solo en cierto orden, en ranuras de distintos tamaños y demás.

Asimismo, en las escuelas Montessori, los niños aprenden viendo y entrenando todos los sentidos. Asisten a la presentación de un material por parte del maestro: la observan, ven lo que ocurre, memorizan los gestos propuestos para usar ese material concreto. Mientras trabajan a menudo individualmente, viven en un contexto comunitario donde ven lo que hace el compañero y pueden tener curiosidad por algo que conocen. Los alumnos practican, aprenden por prueba y error.

Todos estos aspectos se confirman con un descubrimiento que se llevó a cabo más de treinta años después de su muerte. Entre los años 80 y 90, un grupo de investigadores coordinado por Giacomo Rizzolatti en el departamento de neurociencias de la Universidad de Parma descubrió que en nuestro cerebro existen neuronas denominadas «espejo». Son neuronas que reflejan, desde el punto de vista nervioso, un movimiento sin realizarlo y organizan y predisponen el patrón motor. Es decir, estas neuronas se activan, no solo cuando hacemos un gesto concreto, sino también cuando estamos delante de alguien que hace esa misma acción. ¡Increíble! Por eso, los estudios nos dicen que la imitación y la observación de quien actúa nos ayudan a interiorizar la acción, que es un aprendizaje a través de la imitación. La observación no bastará para saber hacer algo, pero será una preparación determinante.

Otra intuición genial de nuestra científica es que el niño que ejercita menos actividad sensorial tiene menos desarrollo de la mente, dice ella, que llega incluso a hablar de mente absorbente. Dice claramente lo que hemos descrito: las impresiones forman la mente del niño. En la época de Gentile, en la que la escuela era teoría y el «trabajo», secundario; donde se aprendía sentados en bancos, con libros y clases magistrales, Montessori apuesta por las manos, por hacer para aprender, por un niño que se mueve en el ambiente y, gracias a su movimiento, elabora nuevas informaciones. El ambiente ofrece al cerebro información y estímulos que no solo contribuyen a aprendizajes de varios tipos, ¡sino que también lo modelan!

Montessori habla también de períodos sensibles, períodos de crecimiento en los que el niño se interesa naturalmente por un aprendizaje determinado, como si fuera una sensibilidad particular respecto a una cosa antes que a otra: andar, hablar, los objetos pequeños... basta pensar en un niño que acaba de empezar a hablar y no pararía nunca, o en el pequeño que acaba de empezar a andar y es lo único que quiere hacer; recorre metros y metros, se interesa por los peldaños, experimenta los límites de la acera para ensayar el desnivel y encontrar el equilibrio. Precisamente a través de esta experiencia, según las neurociencias, el cerebro afina sus estructuras. El conjunto de conexiones del que hablábamos antes está guiado por la experiencia sensorial frente a una eficiencia máxima, por eso, ¡son tan determinantes el ambiente en el que crece el niño y las experiencias disponibles en él! Los períodos sensibles son ventanas, los neurocientíficos los llaman también períodos críticos, porque son una oportunidad que tiene un tiempo, un comienzo y un fin, el aprendizaje también será posible después (hemos hablado de la plasticidad del cerebro), pero con menos naturalidad y con menos interés por parte del niño.

Montessori habla precisamente de una educación que «ayuda al desarrollo natural del niño» y, para los pequeños, esto significa educar los sentidos. Habla de educación de los sentidos como base para el aprendizaje: no se puede comprender una idea sin relacionarse con el mundo, sin utilizar el ambiente.

Montessori cuenta la historia de un pequeño que había pintado el tronco de un árbol de rojo. El maestro no corrigió, pero el niño tuvo la oportunidad de madurar en su capacidad de observación de los colores y los árboles. Poco a poco revisó su dibujo. «No se crean observadores diciendo "observa", sino dando los medios para observar».

De esto, la grandísima lección que nos ofrece Montessori es que se aprende haciendo, que también los conceptos abstractos maduran en la base sensorial. Los niños deben poder correr, tocar, ensuciarse, escuchar el sonido del viento o el de la lluvia que golpea el cristal, entender que hay una gran cantidad de competencias y aprendizajes al hacer una voltereta, pelar una mandarina, probar la nieve. Desde este punto de vista, un uso poco regulado de las nuevas tecnologías amenaza con privar de algo a nuestros niños, no de añadir una posibilidad. Si pensamos que el tacto de la pantalla despierta la misma vastedad y la misma gama de aprendizajes que la imagen que representa, nos equivocamos. Estamos ante una representación de la realidad: un bellísimo paisaje con muchos sonidos, colores, animales escondidos que si se encuentran emiten su sonido correspondiente, formas que reconocer, pero los niños, ¿qué aprenden? No es lo mismo que andar por un bosque, respirar el aire que sabe a almizcle, hundir los pies en la tierra, escalar rocas para ver un paisaje nuevo, oír el canto de un pajarito.

Corremos el riesgo de proponer a nuestros niños que reaccionen a una situación en vez de actuar dentro ella con todos los estímulos, las posibilidades, las experimentaciones que esto conlleva. Corremos el riesgo de perder de vista cómo aprende un cerebro infantil. Por ejemplo, la vasta propuesta de aplicaciones para niños de entre 0 y 3 años, cuyo objetivo es enseñarles inglés, las formas, los colores, los números, no los hará más inteligentes y no se corresponde con una necesidad evolutiva de esta franja de edad concreta.

Los niños son complacientes y tienen una notable capacidad de adaptación, depende de a qué los acostumbremos y qué necesitan para crecer. Discriminar tiempos y maneras y ofrecer las oportunidades en el momento adecuado nos corresponde a nosotros, los adultos.

L.B.

El desarrollo del yo mediante los sentidos

En los demás métodos (de hecho, en todos los métodos modernos), los educadores tienen una preocupación fundamental: estudiar las características de la mente del niño y, en general, las leyes psíquicas para que estas los guíen en la enseñanza, algo que, según estas mismas leyes, debe «transmitirse». Es cierto que la pedagogía moderna sigue el principio «Para educar es necesario conocer», es decir, «hay que conocer las leyes psicológicas para enseñar a los niños»; igual que en la vieja pedagogía se decía: «Examina primero la individualidad del alumno para, después, educarlo».

Nosotros, por el contrario, confesamos que no hemos seguido esta vía. Sin duda, la inteligencia, con sus leyes, es todo un misterio difícil de penetrar. Requiere un gran compromiso de estudio que, en el fondo, no se refiere al maestro. Nadie está de acuerdo con nosotros cuando decimos que no solo es difícil penetrar en este misterio, sino que también debemos renunciar a quererlo explorar a toda costa: lo que pasa en la psique del niño es su secreto y nosotros debemos respetarlo. Ese es el principio de nuestro método educativo, y muchas personas que no han comprendido las cosas están en desacuerdo con nosotros sobre este principio. Según afirman, decir que algo es un secreto que hay que respetar implicaría poner trabas al proceso del conocimiento. En cambio, para nosotros, es una cuestión de respeto: es esencial aprender a respetar ese secreto íntimo del niño.

En este problema psicológico existen dos realidades distintas: el centro y la periferia. El centro pertenece al individuo en sí: no debemos preocuparnos por lo que sucede en el centro. En cambio, la periferia, que pone al individuo en contacto con el mundo exterior a través de los sentidos y responde con los movimientos, esta sí que es accesible. A la periferia podemos llegar; vemos al niño reaccionar y expresarse en el mundo exterior, a través de sus actividades. Esto lo vemos, así que basémonos en ello. No volvamos al centro, sino a la periferia: estamos convencidos (y lo hemos confirmado en todos nuestros experimentos) de que el niño va por esa vía para crecer, para construir en cualquier momento la propia mente y para completar todas sus experiencias reuniéndolas en una sola unidad.

El niño trabaja en la realidad, acoge sensaciones y se expresa; su trabajo mental consiste precisamente en recoger las impresiones y expresarse sin parar, como el ritmo continuo de las olas que no se detiene nunca o como el latido del corazón. De toda esta extraordinaria vida, única e indivisible, nosotros solo vemos la parte periférica y, sin embargo, mediante las manifestaciones externas, podemos intuir el trabajo interior.

El hecho de que el niño manifieste o no este trabajo es absolutamente indiferente. Es cierto que se revelan sus aptitudes, nosotros podemos acogerlas; pero esto no debe modificar en absoluto nuestra actitud como maestros suyos, ya que hemos decidido limitar nuestra obra a una sola acción: ayudar al trabajo que él hace en su crecimiento, «al servicio» de la periferia.

Esto explica, por ejemplo, por qué la preparación de un maestro que quiera seguir nuestro método consiste en la parte práctica, en el manejo continuo de material didáctico o, mejor, de desarrollo. Dichos objetos destinados a los niños son útiles para el trabajo periférico. En cambio, en los demás métodos se quiere penetrar directamente hasta el centro, hacer comprender las cosas de cualquier forma y a toda costa.

Pero, en nuestra opinión, hay que simplificarlas, porque una mente aún poco desarrollada que no puede comprender cuestiones complejas, debemos presentarlas de forma simple, accesibles a sus capacidades, procediendo según lo que hemos interpretado como «ley psíquica». Se olvida que al niño no le interesa entender las cosas cuando se las transmite otra persona: el niño dispone de una capacidad sensomotora irresistible para tomarlas él mismo y solo así se desarrolla su mente.

En consecuencia, nuestro trabajo tiene un gran valor: los objetos que nosotros ofrecemos a la periferia adquieren un peso formativo considerable. En lugar de hacer comprender una idea con explicaciones, nosotros la materializamos; es como si la extendiéramos en una superficie vasta para que el niño pueda trabajar en ella.

Por ejemplo, para enseñarle algo relativo a las sensaciones, damos a los niños una serie de propuestas graduadas; si queremos dar una tabla pitagórica común, ofrecemos a los niños barras de perlas y un decanomio de colores para traducir las cifras y que su mente trabaje por sí sola. La idea fundamental es que debemos descomponer las cosas, hacer que sean claras y muy variadas, para que el niño pueda actuar con ellas por sí solo, durante mucho tiempo y respetuosamente, si quiere.

También se ha dicho muchas veces que el niño tiene la curiosidad de conocer y que esta lo estimula cuando busca las cosas. ¿Quién se atrevería a negar un principio repetido por tantos, tantas veces y que parece tan claro? En cambio, nosotros sostenemos que no es la curiosidad lo que empuja al niño a querer conocer por sí mismo las cosas del mundo exterior. De hecho, cuando el niño ha comprendido algo, deja de tener curiosidad por conocer, pero es precisamente después de haber satisfecho la curiosidad cuando empieza su verdadera actividad de expansión: ya no trabaja para conocer, sino para consolidar y extender el horizonte de su mente. En general, lo que empuja al niño a actuar es la actividad creadora y, solo después de la conquista de un conocimiento y después de que su curiosidad haya sido satisfecha, comienza la otra actividad, querida por el niño, con la que se convierte en un descubridor. Pues bien, todas estas son manifestaciones que el niño nos ofrece como un regalo, nos hacen sentir que vamos por buen camino: ayudar a la actividad periférica del niño con medios externos. Este concepto nuestro de la actividad periférica y de la educación indirecta (siendo la periferia la única parte verdaderamente comprensible y a la que podemos dirigirnos) representa uno de nuestros principios informadores y distingue fundamentalmente nuestro método de otros: trabajando así, nos mostramos como servidores y no como directores de almas; no somos personas que enseñan, sino que ayudamos. Cuando hemos ayudado, de este modo, respetando el centro misterioso del niño, podemos decir que hemos cumplido con nuestro deber. Somos servidores del desarrollo, porque trabajamos así: damos lo necesario, como haría el vigilante de un museo con una persona que desea visitarlo; le da la llave o le abre la puerta diciendo: «Aquí están estos objetos, allí los otros» y ya está: ha hecho todo lo que se espera de un vigilante de museo. Si el visitante prefiere detenerse en una cosa en vez de en otra, no espera que el vigilante interfiera, de igual forma que a este no le corresponde preguntar al visitante:

«Señor, ¿por qué quiere ver estas cosas?» o: «¿Qué le parece esta sala?», «¿Qué ha notado en esta otra?».

Lo mismo ocurre con las señales de tráfico. Quien las pone no se preocupa por si un viajero quiere ir a un sitio u otro, ni pide explicaciones relativas a las señales para exigir al viajero que escriba por qué ha elegido precisamente esa calle y qué le parece. La libertad del otro como individuo no se toca.

Del mismo modo, para nosotros el misterio interno del niño es su secreto; nuestro trabajo es ofrecer orientación mientras le damos libertad de elección y pensamiento: este es el punto máximo de la libertad. Creemos que, si el niño continúa trabajando en el ambiente que hemos preparado para él, persiguiendo su propia actividad periférica, se desarrolla mientras nos ofrece manifestaciones grandiosas que nos sorprenden y crece hasta convertirse en un individuo que ha construido con libertad su propio mundo interior. El secreto del niño será la libertad del adulto.

Este es el ideal que debemos alcanzar.

Por esa razón debemos renunciar al viejo modelo de maestro y hacernos humildes; no tener como objetivo el saber sino más bien servir (al desarrollo) porque la misión del educador no es conocer el misterio del niño sino permitirle mejorar lo máximo posible. Lo que el maestro debe aprender es la forma de retirarse a tiempo y llegar a ser modesto cada vez que el niño explora con exactitud y minuciosidad los objetos del exterior que pueden ayudarlo.

En nuestros cursos, los maestros nuevos se preparan palpando también los objetos destinados a los pequeños, sin preocuparse de nada más: una actitud que parecerá humilde, pueril, pero que ha dado frutos de un valor incalculable. (Así, los maestros sabrán cómo proponer a los niños esos mismos objetos.) Hasta ahora, nadie había descubierto en el niño cualidades tan valiosas como las que hemos visto con gran sorpresa y que hemos verificado respetuosamente en diferentes lugares.

Todos dicen que nuestros niños son precoces, maravillosos, dóciles y fuertes: verdaderos milagros. Bueno, esto se debe al hecho de que han podido trabajar según su naturaleza, sin estímulos superfluos.[1]

El movimiento es la conclusión y el objetivo del sistema nervioso: sin movimiento no puede existir el individuo. El sistema nervioso, con el cerebro, los sentidos, los nervios y los músculos, pone al hombre en relación con el mundo. En cambio, los demás aparatos del organismo están exclusivamente al servicio del individuo físico y se denominan «órganos de la vida vegetativa». El sistema vegetativo sirve al hombre para depurar su propio organismo y mantenerse sano, pero el sistema nervioso tiene un fin más elevado que una simple acción depurativa y tonificante de la mente. El comportamiento de los animales no apunta simplemente a la belleza y la gracia de los movimientos, sino que tiene un objetivo más elevado, el de colaborar con la economía universal de la naturaleza; y, del mismo modo, el hombre tiene un objetivo, que no es ser más puro y más fino que los demás animales, sino usar su riqueza espiritual para servir a los demás. Sus facultades se deben realizar, y completar así el ciclo de la relación. Este punto de vista debe tenerse en cuenta no solo en la práctica de la vida, sino también en la educación. Si nosotros tenemos un cerebro, sentidos y órganos de movimiento, todo esto debe mantenerse en funcionamiento; y si no se mantienen todas las partes en marcha no podemos ni siquiera estar seguros de comprenderlas. El movimiento es la

---

1. «Quaderno Montessori», n.º 39, 1993.

última parte que completa el ciclo del pensamiento, y la altura espiritual se logra con la acción, o con el trabajo. Normalmente, la gente piensa que hay que usar los músculos para mantener una buena salud. Por eso, para hacer un poco de ejercicio, juega al tenis o sale a pasear para digerir mejor y dormir más tranquila. Este error se ha insinuado también en las teorías educativas, y es realmente absurdo, igual que lo sería reducir a un príncipe a hacer de criado de un pastor. El sistema muscular, príncipe del organismo, se ha convertido en una manivela que girar para un mejor funcionamiento del sistema vegetativo. Esto es un grave error: la vida física se separa completamente de la mental, y es necesario introducir el juego en los programas escolares para que el niño pueda desarrollarse tanto física como mentalmente. Es cierto que la vida mental no tiene nada que ver con los pasatiempos físicos, pero nosotros no podemos separar lo que la naturaleza ha unido. Al considerar la vida física por un lado y la mental por otro, rompemos el ciclo de la relación y las acciones del hombre se quedan en general separadas del cerebro. El hombre limita toda su actividad a comer y respirar, cuando el movimiento debería servir en la totalidad de la vida, y en la economía espiritual del mundo.

Es de una importancia fundamental que las acciones del hombre estén conectadas con el centro (el cerebro) y se pongan en el lugar correcto. La mente y el movimiento son dos partes de un único ciclo y el movimiento es la expresión superior. De lo contrario, el hombre se desarrolla como una masa de músculos sin cerebro: es algo que no funciona, como cuando un hueso roto incapacita la pierna entera. Para nuestro nuevo método educativo resulta esencial que el desarrollo de la mente esté conectado con el movimiento y dependa de él. Sin movimiento no hay progreso ni salud mental. No es necesario demostrar ni probar formalmente la veracidad de lo dicho; para convencerse basta con contemplar y observar la naturaleza, en especial prestar atención al crecimiento del niño. De acuerdo con estudios científicos, la inteligencia se desarrolla a través del movimiento; experimentos realizados en todos los rincones del planeta confirmaron que el movimiento contribuye al desarrollo psíquico y que, a su vez, el desarrollo implica más movimiento; esto significa que existe un ciclo que debemos completar, pues mente y movimiento conforman una unidad. Los sentidos también ayudan a cerrar este ciclo, dado que una deficiencia en alguno de ellos hace que el niño sea menos inteligente. [2]

Hasta hoy, la mayor parte de los educadores ha considerado movimiento y músculos una ayuda a la respiración, a la circulación, o bien una práctica para adquirir más fuerza física. Nuestra nueva idea, en cambio, sostiene la importancia del movimiento como ayuda al desarrollo mental cuando el movimiento se pone en relación con el centro. El desarrollo mental y el espiritual pueden y deben recibir ayuda del movimiento, sin el cual no existe progreso, ni salud, mentalmente hablando.

La demostración de todo lo que he dicho viene dada por la observación de la naturaleza, y la exactitud de esta observación deriva del hecho de que se ha seguido con atención el desarrollo del niño. Cuando se observa cuidadosamente a un niño, resulta evidente que el desarrollo de su mente se produce con el uso del movimiento. El desarrollo del lenguaje demuestra, por ejemplo, un perfeccionamiento de la facultad de comprender acompañado de una utilización cada vez más extensa de los músculos que producen el sonido y el habla.

---

2. Montessori, Maria, *Educar para un nuevo mundo*, pp. 39-40, edición de Kindle.

Observaciones realizadas con niños de todo el mundo prueban que el niño desarrolla su propia inteligencia a través del movimiento; el movimiento ayuda al desarrollo psíquico, y este desarrollo se expresa a su vez con un movimiento y una acción ulteriores. Por tanto, se trata de un ciclo, porque psique y movimiento pertenecen a la misma unidad. También prestan ayuda los sentidos, porque el niño que no tiene ocasión de ejercer una actividad sensorial tiene un desarrollo inferior de la mente. Ahora bien, los músculos (la carne), cuya actividad depende directamente del cerebro, se denominan músculos voluntarios, lo que significa que se mueven por la voluntad del individuo, y la voluntad es una de las mayores expresiones de la psique. Sin la energía volitiva, la vida psíquica no existe. Por tanto, resulta que, puesto que los músculos voluntarios son los músculos que dependen de la voluntad, estos son un órgano psíquico.[3]

Cuando se habla de «músculos», viene enseguida a la mente la idea de mecanismo; de un verdadero mecanismo de máquina motriz. Esto parece alejarse del concepto que nos hemos formado del espíritu, que es lo más alejado de la materia y, por consiguiente, de los mecanismos.

Querer otorgar al movimiento una importancia superior a la de los sentidos intelectuales para el desarrollo de la inteligencia y, por consiguiente, para el desarrollo intelectual del hombre aparece como una importante perturbación en las ideas fundamentales.

Pero hasta en los ojos y en el oído existen mecanismos. Nada es más perfecto que esa especie de «aparato fotográfico, sublimado por la vida» que constituye el ojo. Y la construcción

---

3. Montessori, Maria, *La mente absorbente del niño*, pp. 2235-2250, edición de Kindle.

del oído representa un arte riquísimo en cuerdas y membranas vibrantes que constituyen una banda de jazz en la que no falta ni siquiera el tambor.

Pero cuando hablamos de la importancia que tienen estos instrumentos sublimes en la construcción de la inteligencia humana, no pensamos en ellos como aparatos mecánicos: pensamos en quien los usa. A través de estos instrumentos vitales maravillosos, el ego se pone en relación con el mundo al usarlos según sus propias necesidades psíquicas. La visión de los espectáculos naturales, del sol que sale por oriente, de la belleza de la naturaleza o la delicia que procuran la admiración de obras de arte, las impresiones sonoras del mundo exterior, las voces armoniosas del hombre que habla, la música: estas múltiples y continuas impresiones procuran al ego interno las delicias de la vida psíquica y el alimento necesario para su conservación. El ego es el verdadero agente, el único árbitro y quien goza de las impresiones.

Si no existiera el ego que ve y goza, ¿de qué servirían los mecanismos de los órganos de los sentidos?

Ver y oír no tiene importancia, pero la personalidad del ego se forma, crece, goza y se mantiene, viendo y oyendo.

Un razonamiento análogo puede establecerse para el movimiento. Este posee órganos mecánicos, sin duda alguna: aunque no sean mecanismos tan rígidos y fijos, como, por ejemplo, la membrana del tímpano o el cristalino del ojo. Pero el problema fundamental de la vida humana y, por consiguiente, de la educación, es que el ego logre animar y poseer sus propios instrumentos motores, para que en sus acciones sea obediente al elemento superior a las cosas vulgares y a las funciones de la vida vegetativa; «un elemento» que es generalmente el instinto, pero que en el hombre pertenece al espíritu creador, revestido de inteligencia.

Porque el ego se disgrega si no puede realizar estas condiciones fundamentales. Es como un instinto que anduviera errante por el mundo, separado del cuerpo que debe animar.[4]

El mundo de la pedagogía se rige por la lógica humana, pero la naturaleza tiene otras leyes. La lógica dice que hay que separar las actividades mentales de las físicas, y sostiene que para las tareas mentales debemos sentarnos en clase sin movernos, y para las tareas físicas no es necesaria la parte mental, y así corta al niño en dos. Se dice que cuando el niño piensa, no puede usar las manos; sin embargo, la naturaleza nos muestra que no puede pensar sin las manos y que necesita caminar constantemente, igual que los filósofos peripatéticos de Grecia. Mente y movimiento van de la mano, aunque muchos consideren imposible que en una escuela los niños estudien y al mismo tiempo estén caminando continuamente de un lado a otro.[5]

---

4. Montessori, Maria, *El niño. El secreto de la infancia*, pp. 106-107, edición de Kindle.
5. Montessori, Maria, *Educar para un nuevo mundo*, pp. 51-52, edición de Kindle.

La mente absorbente y los períodos sensitivos

Nuestra mente, tal como es, no llegaría a alcanzar lo que alcanza el niño. Para una conquista como la del lenguaje, es necesaria una forma de mente distinta, y esta forma es la que posee precisamente el niño: un tipo de inteligencia distinta de la nuestra.

Podríamos decir que nosotros adquirimos los conocimientos con nuestra inteligencia, mientras que el niño los absorbe con su vida psíquica. Simplemente viviendo, el niño aprende a hablar el lenguaje de su raza. Es una especie de química mental que opera en él. Nosotros somos recipientes; las impresiones se vierten en nosotros, y nosotros las recordamos y las tratamos en nuestra mente, pero somos distintos de nuestras impresiones, como el agua es distinta del vaso. El niño experimenta, en cambio, una transformación: las impresiones no solo penetran en su mente, sino que la forman, se encarnan en él. El niño crea su propia «carne mental», utilizando las cosas que se hallan en su ambiente. A este tipo de mente la hemos llamado *mente absorbente*. Nos resulta difícil concebir la facultad de la mente infantil, pero, sin duda, la suya es una forma de mente privilegiada.

Imaginad lo maravilloso que sería ser capaces de conservar la prodigiosa capacidad del niño que, mientras vive alegremente saltando y jugando, es capaz de aprender una lengua con todas sus complejidades gramaticales. Qué maravilla si todo el saber entrase en nuestra cabeza por el simple hecho de vivir, sin necesidad de mayor esfuerzo que el que supone respirar o alimentarse. Primero no advertiríamos nada especial, luego, de repente, los conocimientos adquiridos se revelarían en nuestra mente como brillantes estrellas de conocimiento. Comenzaríamos a advertir que están allí, presentes, y conoceríamos todas las ideas, que se convertirían, sin esfuerzo, en nuestro patrimonio.

Si yo os dijera que existe un planeta donde no hay colegios, ni maestros, ni necesidad de estudiar, y donde viviendo y paseando, sin más esfuerzo, los habitantes llegan a conocerlo todo y a fijar sólidamente todo el saber en su cerebro, ¿no os parecería una hermosa fábula? Pues bien, esto que parece tan fantástico y suena a invención de una fértil imaginación, es un hecho, una realidad; porque este es el modo inconsciente de aprender del niño. Este es el camino que sigue. Lo aprende todo inconscientemente, pasando poco a poco del inconsciente a la consciencia, avanzando por un sendero en que todo es alegría y amor.

El conocimiento humano nos parece una gran conquista: ¡ser conscientes, adquirir una mente humana! Pero esta conquista la debemos pagar, porque, en cuanto adquirimos la consciencia, toda nueva adquisición de saber nos requerirá esfuerzo y un arduo trabajo.

El movimiento es otra de las maravillosas conquistas del niño. Recién nacido, yace tranquilamente en su cama durante meses. Pero, transcurrido cierto tiempo, camina, se mueve en el ambiente, hace algunas cosas, goza y es feliz. Vive día a día, y cada día un poco más. Aprende a moverse y el lenguaje penetra en su mente con toda su complejidad, así como el poder de dirigir sus movimientos según las necesidades de su vida.

Pero esto no es todo: aprende muchas otras cosas con sorprendente rapidez. Todo lo que se halla a su alrededor, lo hace suyo: costumbres, religión, etc., se fijan en su mente de forma estable.

Los movimientos que conquista el niño no se forman por casualidad, sino que están determinados en el sentido de que son adquiridos en un determinado período del desarrollo. Cuando el niño empieza a moverse, su mente, capaz de absorber, ya ha captado su ambiente; antes de que empiece a moverse, ya se ha efectuado en él un inconsciente desarrollo psíquico, y cuando inicia los primeros movimientos, comienza a ser consciente. Si se observa a un niño de tres años, se ve que siempre juega con algo. Esto significa que va desarrollando con sus manos e introduciendo en su conciencia lo que su mente inconsciente ha absorbido antes. A través de esta experiencia del ambiente, con apariencia de juego, examina las cosas y las impresiones que ha recibido en su mente inconsciente. Por medio del trabajo, se hace consciente y construye al Hombre. El niño se halla regido por una potencia misteriosa, maravillosamente grande, que va incorporando lentamente; de este modo se hace hombre, y lo consigue por medio de sus manos, por medio de su experiencia: primero a través del juego, y luego mediante el trabajo. Las manos son el instrumento de la inteligencia humana. En virtud de estas experiencias, el niño asume una forma definitiva y por tanto limitada, ya que el conocimiento siempre es más limitado que el inconsciente y el subconsciente.

Entra en la vida y enseguida empieza su misterioso trabajo; poco a poco, asume la maravillosa personalidad adaptada a su época y a su ambiente. Edifica su mente hasta que, paulatinamente, llega a construir la memoria, la facultad de comprender, la facultad de razonar. Finalmente llega a su sexto año de vida. Entonces, repentinamente, los educadores descubrimos que este individuo comprende, que tiene la paciencia de escuchar lo que decimos, mientras que antes no teníamos medios para llegar hasta él: vivía en otro plano, distinto del nuestro. Este libro se ocupa de este primer período. El estudio de la psicología infantil en los primeros años de vida nos muestra estos milagros, que no pueden dejar de impresionar profundamente a quien se aproxime a ellos.

Nuestra obra como adultos no consiste en enseñar, sino en ayudar a la mente infantil en el trabajo de su desarrollo. Sería maravilloso poder prolongar con nuestra ayuda, con un tratamiento inteligente del niño, con la comprensión de las necesidades de su vida, el período en que opera en él la mente capaz de absorber. Qué servicio prestaríamos a la humanidad si pudiéramos ayudar al individuo humano a absorber los conocimientos sin esfuerzo, si el hombre pudiera enriquecerse de conocimientos sin saber cómo los ha adquirido, casi por arte de magia. ¿Acaso la naturaleza no está llena de milagros?

El descubrimiento del hecho de que el niño está dotado de una mente capaz de absorber produjo una revolución en el campo docente. Ahora se entiende fácilmente por qué el primer período del desarrollo humano, en el que se forma el carácter, es el más importante. En ninguna otra edad de la vida se tiene tanta necesidad de una ayuda inteligente, y cada obstáculo que se interponga en el camino del niño reducirá la probabilidad de que su obra creativa se perfeccione. Por lo tanto, ayudaremos al niño, no porque lo consideremos un ser insignificante y débil, sino porque está dotado de grandes energías creativas, de naturaleza tan frágil que exigen —para no ser menguadas ni heridas— una defensa cariñosa e inteligente. Queremos prestar ayuda a estas energías, no al niño pequeño ni a su debilidad. Cuando se comprenda que estas energías pertenecen a una mente inconsciente —que debe hacerse consciente mediante el trabajo y la experiencia adquirida en el ambiente—, cuando nos demos cuenta de que la mente infantil es distinta de la nuestra, que no podemos alcanzarla con la enseñanza verbal, que no podemos intervenir directamente en el proceso que va del inconsciente a la consciencia y en el proceso de construcción de las facultades humanas, entonces cambiará todo la idea de educación, que se convertirá en una ayuda a la vida del niño y para el desarrollo psíquico del hombre, y no una imposición de retener ideas, hechos y palabras nuestras.

Esta es la nueva vía que sigue la educación: ayudar a la mente en sus diversos procesos de desarrollo, secundar sus diversas energías y reforzar sus distintas facultades.[6]

El científico holandés Hugo de Vries descubrió los períodos sensitivos en los animales, pero fuimos nosotros, en nuestras escuelas, quienes hallamos estos períodos sensitivos en el crecimiento infantil y los hemos aplicado a la educación.

Se trata de sensibilidades especiales que se encuentran en los seres en evolución, es decir, en los estados infantiles, que son pasajeros y se limitan a la adquisición de un carácter determinado. Una vez desarrollado este carácter, cesa la sensibilidad correspondiente. Cada carácter se establece con ayuda de un impulso, de una sensibilidad pasajera. Por consiguiente, el crecimiento no es algo impreciso, una especie de fatalidad hereditaria incluida en los seres; es un trabajo minuciosamente dirigido por los instintos periódicos, o pasajeros, que impulsan hacia una actividad determinada, que quizás es distinta de la que caracterizará al individuo adulto.[7]

---

6. Montessori, Maria, *La mente absorbente del niño*, pp. 476-528, edición de Kindle.

7. Montessori, Maria, *El niño. El secreto de la infancia*, p. 53, edición de Kindle.

Un niño aprende las cosas en los períodos sensitivos, que se podrían comparar con un faro encendido que ilumina el interior, o bien con un estado eléctrico que da lugar a fenómenos activos. Esta sensibilidad permite al niño ponerse en contacto con el mundo exterior de un modo excepcionalmente intenso. Y entonces todo le resulta fácil, todo es entusiasmo y vida. Cada esfuerzo representa un aumento de poder. Cuando en el período sensitivo ya ha adquirido unos conocimientos, sobreviene el torpor de la indiferencia, el cansancio.

Pero cuando algunas de estas pasiones psíquicas se apagan, otras llamas se encienden, y así la infancia pasa de conquista en conquista, en una vibración vigorosa continua que hemos llamado el gozo y la felicidad infantil. Y en esta llama resplandeciente que arde sin consumirse se desarrolla la obra creadora del mundo espiritual del hombre. En cambio, cuando desaparece el período sensitivo, las conquistas intelectuales se deben a una actividad refleja, al esfuerzo de la voluntad, a la fatiga de la búsqueda, y en el torpor de la indiferencia nace el cansancio del trabajo. Aquí reside la diferencia fundamental, esencial entre la psicología del niño y la del adulto. Existe, pues, una especial vitalidad interior que explica los milagros de las conquistas naturales del niño. Pero si durante la época sensitiva un obstáculo se opone a su trabajo, el niño sufre un trastorno, o incluso una deformación, y este es el martirio espiritual que aún desconocemos, pero que casi todos llevamos dentro en forma de estigmas inconscientes. [8]

La encarnación y los períodos sensitivos pueden compararse con un orificio en el trabajo íntimo del alma en vía de formación, que permite entrever los órganos internos en funcionamiento para elaborar el crecimiento psíquico del niño. Estos

---

8. Montessori, Maria, *El niño. El secreto de la infancia*, p. 54, edición de Kindle.

demuestran que el desarrollo psíquico no llega porque sí y que no es el mundo exterior quien lo estimula, sino que se guía mediante sensibilidades pasajeras que constituyen instintos temporales que presiden la adquisición de caracteres diversos. Aunque esto se produce a expensas del ambiente exterior, este no tiene importancia constructiva alguna. Solo ofrece los medios necesarios para la vida, en paralelo a lo que sucede con la vida del cuerpo que recibe del ambiente sus elementos vitales mediante la respiración.

Son las sensibilidades interiores las que guían en la elección de lo necesario en el ambiente multiforme y en las situaciones favorables a su desarrollo. ¿Cómo lo hacen? Haciendo que el niño solo sea sensible a ciertas cosas e indiferente a otras. Cuando los niños se encuentran en períodos sensitivos, es como si emanara de ellos una luz divina que solo iluminara determinados objetos sin iluminar los demás y en estos se concentra el universo para ellos. Pero no se trata sencillamente de un deseo intenso de encontrarse en determinadas situaciones, de no absorber más que determinados elementos; existe en el niño una facultad especialísima, única, que es la de aprovechar estos períodos para su crecimiento; es durante los períodos sensitivos cuando efectúa sus adquisiciones psíquicas, como, por ejemplo, la de orientarse en el ambiente exterior; o, también, es capaz de animar de manera más perfecta e íntima sus instrumentos motores.

En estas relaciones sensitivas entre el niño y el ambiente está la llave que puede abrirnos el fondo misterioso en que el embrión espiritual desarrolla el milagro de su crecimiento.[9]

---

9. Montessori, Maria, *El niño. El secreto de la infancia*, pp. 55-56, edición de Kindle.

La educación de los sentidos

Hasta ahora, la psicología experimental tenía como objetivo perfeccionar los instrumentos de medida, es decir, la graduación de los estímulos; sin embargo, no se había intentado preparar metódicamente a los individuos para las sensaciones.

La psicometría, creo, deberá su desarrollo más a la preparación del individuo que a la del instrumento.

Pero dejando de lado ese interés puramente científico, la educación de los sentidos tiene un elevadísimo interés pedagógico.

De hecho, nosotros proponemos dos fines en la educación general: uno biológico y uno social; el biológico consiste en ayudar al desarrollo natural del individuo y el social en preparar al individuo en el ambiente (y en esto se incluye la educación profesional que enseña al individuo a utilizarlo). La educación de los sentidos es, de hecho, importantísima en ambos casos: el desarrollo de los sentidos, de hecho, precede al de las actividades intelectuales superiores y, en el niño de tres a seis años, ese es en el período de la formación.

Por lo tanto, nosotros podemos ayudar al desarrollo de los sentidos precisamente cuando estos se encuentran en ese período graduando y adaptando los estímulos, así como se debe ayudar a la formación del lenguaje antes de que se desarrolle por completo.

Toda la educación de la primera infancia debe seguir este principio: ayudar al desarrollo natural del niño.

La otra parte de la educación, es decir, adaptar el individuo al ambiente, será la que predominará después, cuando se supere el período del desarrollo intenso.

Las dos partes siempre están entrelazadas, pero tienen una prevalencia según la edad.

Por ejemplo, el período de la vida que va de los tres a los seis años incluye una época de rápido crecimiento físico y de formación de las actividades psíquicas y sensoriales. El niño de esta edad desarrolla los sentidos, por eso, su atención se pone en la observación del ambiente

Lo que le llama la atención son los estímulos, no aún las razones de las cosas; por eso, es el momento de dirigir metódicamente los estímulos sensoriales, para que las sensaciones se lleven a cabo racionalmente y preparen así una base ordenada para construir una mentalidad positiva en el niño.

Asimismo, con la educación de los sentidos es posible descubrir y corregir posibles defectos que todavía hoy pasan inadvertidos en las escuelas, al menos hasta el período en los que el defecto se manifiesta con una evidente y ya irreparable inadaptabilidad al ambiente (sordera, miopía).

Por lo tanto, la educación fisiológica es la que prepara directamente para la educación psíquica perfeccionando los órganos de los sentidos y las vías nerviosas de proyección y asociación.

Pero también la otra parte de la educación, la relativa a la adaptación del individuo al ambiente, se toca de forma indirecta. Puesto que preparamos así a la infancia de la humanidad de nuestro tiempo. Los hombres de la presente civilización son eminentemente observadores del ambiente porque deben utilizar al máximo todas sus riquezas.

También el arte se basa hoy en día, igual que en la época griega, en la observación de la verdad. La ciencia positiva progresa precisamente con la observación; y todos los descubrimientos y sus aplicaciones, que desde el siglo pasado fueron tan valiosos para transformar el ambiente civil, se lograron por el mismo camino. Por eso, debemos preparar a las nuevas generaciones para esta aptitud, que se vuelve necesaria como forma de vida civilizada moderna y como medio indispensable para continuar con eficacia la obra de nuestro progreso.

Hemos visto nacer de la observación los descubrimientos de los rayos Roentgen, las ondas hertzianas, las vibraciones del radio, las aplicaciones del descubrimiento de Marconi. En ninguna época como en la nuestra, el pensamiento, partiendo de investigaciones positivas, trajo y prometió luz a la especulación filosófica y al mundo del espíritu. Las teorías mismas sobre la materia, después del descubrimiento del radio han conducido a conceptos metafísicos.

Se podría decir que preparando la observación también hemos preparado los caminos que conducen a los descubrimientos espirituales.

La educación de los sentidos, al formar hombres observadores, no desempeña solo una tarea genérica de adaptación a la época presente de la civilización, sino que prepara también directamente para la vida práctica.

Hasta ahora, teníamos, creo, una idea muy imperfecta de lo que se necesita para la práctica de la vida. Siempre partíamos de las ideas para descender a las vías motrices. Así, por ejemplo, la educación siempre había sido enseñar intelectualmente y, después, ejecutar. En general, al enseñar, se habla del objeto de interés y se intenta hacer que el alumno, una vez ha comprendido, ejecute un trabajo relacionado con el objeto en sí. Pero a menudo el alumno que ha comprendido la idea encuentra enormes dificultades en la ejecución del trabajo que se le exige, porque falta en la educación un factor de suma importancia: el perfeccionamiento de las sensaciones.

Ilustremos este principio con ejemplos. Si decimos a una cocinera que compre pescado fresco; ella entiende la idea y se dispone a llevarla a cabo en el acto. Pero si dicha cocinera no tiene la vista y el olfato ejercitados para reconocer los signos de frescura del pescado, no sabrá seguir la orden dada.

Esta deficiencia se hará aún más evidente en la operación culinaria. La cocinera puede ser una persona culta y conocer de maravilla las cantidades y los tiempos descritos en un libro de cocina; saber seguir los pasos necesarios para dar la forma correcta a los platos, etc.; pero cuando se trate de apreciar con el olfato el momento justo de cocción, o con la vista o el tacto el momento de tener que intervenir con determinado condimento, la acción fallará si la cocinera no tiene los sentidos suficientemente preparados. Deberá conquistar dichas habilidades con una larga práctica, y dicha práctica no es, al final, más que una educación tardía de los sentidos, que a menudo no es más eficaz en el adulto.

Lo mismo se puede decir respecto al trabajo manual y, en general, la capacitación para todas las artes y oficios. Cada uno debe aprender mediante ejercicios repetidos, y «aprender» implica una educación de los sentidos que debe hacerse en una edad avanzada. Por ejemplo, los que hilan deben adquirir la capacidad de uso del sentido del tacto de los dedos para distinguir los hilos; los que tejen o bordan deben adquirir una notable capacidad visual para distinguir las particularidades de su trabajo, especialmente para discernir los colores.

En definitiva, aprender un oficio, sobre todo si es artístico o refinado, significa emprender un desarrollo de los sentidos y de los movimientos de las manos, y este movimiento se ayuda mediante el consecuente refinamiento del sentido del tacto.

Si esta educación se lleva a cabo a una edad en la que, por naturaleza, ha finalizado el período formativo, esta será difícil e imperfecta. El secreto de prepararse para un oficio consiste en utilizar dicho período de la vida entre los tres y los seis años, en los que existe una tendencia natural a perfeccionar los sentidos y el movimiento.

El mismo principio vale no solo para el trabajo manual, sino también para todas las profesiones superiores a las que se asocia una forma de actividad práctica.

Algo parecido sucede en el caso de los médicos. El estudiante de medicina estudia teóricamente la sintomatología de la muñeca (y se pone junto al paciente con toda la buena voluntad de reconocerla), pero si no sabe reconocer con los dedos el fenómeno, habrá estudiado y querido hacerlo en vano. Para convertirse en médico le falta la capacidad discriminatoria de los estímulos sensoriales. Lo mismo sucede con los sonidos del corazón, que el estudiante estudia en la teoría, pero que la oreja no sabe luego distinguir en la práctica; y lo mismo con los temblores y vibraciones ante los cuales la mano sigue siendo inepta. El termómetro es tanto más indispensable para el médico cuanto más inadaptado esté su sistema cutáneo para recoger los estímulos térmicos.

Sabemos bien que un médico puede ser erudito e inteligentísimo sin ser un buen práctico; y que para formar a un buen práctico es necesario un ejercicio largo. De hecho, este ejercicio largo no es más que un ejercicio tardío y a menudo ineficaz de los sentidos. Después de haber asimilado las teorías brillantes, el médico se ve obligado al ingrato trabajo de la semiótica, es decir, al ejercicio de la recopilación de síntomas para extraer de aquellas teorías un fruto práctico. Así también pues el principiante que procede metódicamente a la palpación, a la percusión, a la auscultación para reconocer los temblores, las resonancias, los tonos, alientos, bocanadas y ruidos que, solos, podrían permitirle hacer el diagnóstico. Donde el profundo y doloroso desánimo, la desilusión de los jóvenes e incluso la inmoralidad de ejercer a menudo una profesión de tanta responsabilidad, con la incertidumbre de la recepción y valoración de los síntomas. Todo el arte médico se basa en un ejercicio de los sentidos: sin embargo, las escuelas preparan a los futuros médicos con el estudio de los clásicos, a pesar de que el desarrollo intelectual del médico cae impotente ante la insuficiencia de sus sentidos.

Un día, un cirujano dio clases a las madres del pueblo sobre cómo reconocer las primeras deformaciones del raquitismo en los niños e inducirlas a que llevaran a sus hijos raquíticos al médico en los inicios de la enfermedad, cuando la intervención terapéutica aún puede ser eficaz. Las madres comprendieron la idea, pero después no fueron capaces de reconocer las deformaciones iniciales porque les faltaba el ejercicio sensorial de la fina discriminación de las formas que apenas se desviaban de la normalidad. Por eso, aquellas clases resultaron inútiles.

Si lo pensamos bien, casi todas las sofisticaciones de las sustancias alimenticias se hacen posibles por el torpor de los sentidos existente en las masas. El fraude de la industria se alimenta de la falta de educación sensorial de las masas; de igual forma que el fraude del estafador se basa en la ingenuidad de su víctima. Vemos que los compradores a menudo se refieren a la lealtad del proveedor o depositan su confianza en una empresa para decidirse a hacer la compra: y eso se debe a que les falta la capacidad material de juzgar directamente; es decir, de distinguir con los sentidos los caracteres diferenciales de las sustancias.

En definitiva, decimos en muchos casos que se vuelve inútil la inteligencia por la falta de práctica, y esta práctica es casi siempre la educación sensorial. Todo el mundo tiene, en la vida práctica, la necesidad fundamental de recoger con exactitud los estímulos del ambiente.

Pero muy a menudo, la educación sensorial tardía es tan difícil como intentar educar la mano en un adulto que quiere convertirse en pianista. Es necesario iniciar la educación de los sentidos en el período formativo si queremos después perfeccionarlos y aplicarlos a cada forma particular de cultura mediante la educación. Por eso, la educación de los sentidos debería iniciarse con método en la edad infantil y continuar después durante el período educativo que deberá preparar al individuo para la vida práctica en el ambiente.

De lo contrario, aislamos al hombre del ambiente. De hecho, cuando con la cultura intelectual creemos completar la educación, hacemos a pensadores adecuados para vivir fuera del mundo, no a hombres prácticos. Y cuando, al querer proveer con la educación la parte práctica de la vida, nos limitamos a ejercitar las vías de la acción, descuidamos la parte fundamental de la educación práctica: la que pone al hombre en relación directa con el mundo exterior. Y como casi siempre el trabajo profesional prepara al hombre para utilizar el ambiente, después este debe, por necesidad, suplir la gran deficiencia de la educación volviendo a empezar, tras haber completado la educación, el ejercicio de los sentidos para ajustarse al ambiente con una relación directa.

También la educación estética y moral están estrechamente relacionadas con la sensorial. Al multiplicar las sensaciones y desarrollar la capacidad de apreciar las mínimas cantidades diferenciales tras los estímulos, se afina la sensibilidad y se multiplican los disfrutes. La belleza está en la armonía, no en los contrastes, y la armonía es afinidad, para la que se necesita refinamiento sensorial para percibirla. Las armonías estéticas de la naturaleza y del arte escapan a quien tiene sentidos toscos. El mundo es entonces estrecho y áspero. En el ambiente existen inagotables fuentes de placer estético frente al cual los hombres pasan como insensatos o como brutos, buscando el placer en las sensaciones fuertes y ásperas, porque son las únicas accesibles para ellos.

Ahora bien, en los placeres groseros surge muy a menudo el hábito vicioso: los fuertes estímulos, de hecho, no agudizan, sino que amortiguan el sentido, con lo cual, este necesitará estímulos cada vez más acentuados.

Desde el punto de vista fisiológico, la importancia de la educación de los sentidos sobresale al observar el esquema del arco diastático que representa en resumen las funciones del sistema nervioso.

Los sentidos son órganos de «aprehensión» de las imágenes del mundo exterior, necesarias para la inteligencia, de la misma forma que la mano es órgano de aprehensión de las cosas materiales necesarias para el cuerpo. Pero todos (sentidos y mano) pueden refinarse más allá de esos oficios tan simples y convertirse en servidores cada vez más dignos del gran motor interno que los tiene a su servicio.

La educación que eleva la inteligencia debe elevar también estos dos medios capaces de un perfeccionamiento indefinido.[10]

Una vez, un pequeño estaba haciendo una tarea con uno de nuestros dibujos, que consistía en pintar con lápices de

---

10. Montessori, Maria, *La scoperta del bambino*, pp. 157-163.

colores el interior de figuras delineadas, un árbol, para ser exactos. Para llenar el tronco, cogió un lápiz rojo, y la maestra quiso intervenir diciendo: «¿Te parece que los árboles tienen el tronco de color rojo?». Yo la detuve y dejé que el niño coloreara el árbol de ese color. Aquel dibujo era precioso para nosotros: nos revelaba que el niño no era un observador exacto del ambiente, aunque hacía en clase los ejercicios del sentido cromático. Iba con sus compañeros al jardín y siempre podía observar allí el color del tronco de los árboles: cuando el ejercicio sensorial llegase a llamar la atención espontánea del niño respecto a los colores ambientales, en un momento dado, se daría cuenta de que el tronco de los árboles no es rojo; igual que otro niño, durante una carrera, se dio cuenta de que el cielo es azul. De hecho, un día cogió un lápiz marrón para colorear el tronco, e hizo las ramas y las hojas verdes. Después, el pequeño coloreó de marrón todas las ramas y pintó de verde solo las hojas.

Tenemos las pruebas del progreso intelectual del niño.

No se crean observadores diciendo «observa», sino dando los medios para observar: y estos medios son la educación de los sentidos. Una vez establecida dicha relación entre niño y ambiente, el progreso está asegurado, porque los sentidos refinados conducen a observar mejor el ambiente y esto, que atrae la atención con su variedad, continúa la educación sensorial.

En cambio, si prescindimos de la educación sensorial, las cogniciones sobre la calidad de los cuerpos pasan a formar parte de la cultura, que está limitada precisamente a las cogniciones aprendidas y recordadas; y serán estériles. Es decir, cuando el maestro enseña con los métodos antiguos, por ejemplo, el nombre de los colores, imparte una cognición sobre cualidades determinadas, no educa el interés por el color.

El niño conocerá esos colores olvidándolos de vez en cuando y se mantendrá al máximo dentro de los límites de las lecciones que le dé el maestro. Cuando, más adelante, el maestro a la antigua usanza induzca la generalización de la idea diciendo, por ejemplo: ¿de qué color es esta flor?, ¿esta cinta?, etc., probablemente la atención del niño se quedará torpemente fijada en los ejemplos propuestos por el educador.

Si queremos comparar el niño con un reloj o cualquier otro mecanismo complejo, podríamos decir que el método antiguo sería como empujar con la uña los dientes de los engranajes quietos, para hacerlos girar, y el giro sería la perfección a la fuerza motriz aplicada con la uña (la cultura, que queda limitada al trabajo del maestro sobre el niño); en cambio, el nuevo método sería comparable a la carga, que pone en movimiento espontáneo todo el mecanismo, un movimiento que está directamente relacionado con la máquina y no es obra de quien ha aplicado la carga (el desarrollo psíquico espontáneo del niño continúa indefinidamente y tiene una relación directa con el potencial psíquico del niño en sí y no con la obra del maestro).

El movimiento, es decir, la actividad psíquica espontánea, parte en nuestro caso de la educación de los sentidos, y se mantiene mediante la inteligencia observadora. Así, por ejemplo, el perro de caza adquiere su habilidad no mediante la educación recibida del amo, sino por la especial agudeza de sus sentidos; pero con el ejercicio de la caza, el amo, que afina cada vez más las percepciones sensoriales del perro, le proporciona a este primero el placer y, después, la pasión por la caza. Lo mismo puede decir del pianista que, mientras refina al mismo tiempo el sentido musical y la agilidad motriz de la mano, ama cada vez más extraer del instrumento armonías nuevas, mientras el ejercicio afina cada vez más su sentido y agilidad: de ahí se lanza a una vida de perfeccionamiento, cuyos límites serán solo la personalidad psíquica del sujeto. En cambio, un físico puede conocer todas las leyes de la armonía, y que esto forme parte de su cultura científica; pero no será capaz de seguir la más simple composición musical, y su cultura, por vasta que sea, tendrá los límites definidos por el ámbito de su ciencia, que se ocupa de la acústica.

Nuestro objetivo educativo de la primera infancia debe ser ayudar el desarrollo, no dar una cultura. Por esta razón, tras haber ofrecido al niño el material adecuado para desarrollar los sentidos, debemos esperar a que se desarrolle la actividad observadora.[11]

Se sabe que muchos pedagogos consideraban un error la educación de los sentidos. Eso se debía a que, tomando la «vida media» como fin, la educación de los sentidos determina una desviación del modo natural de conocer.

De hecho, los objetos se ven en su conjunto, en su unidad de cosa y con sus múltiples características. La rosa tendrá sus colores y su perfume; el jarrón de mármol, su forma, su peso y demás. La lección sobre los objetos reales como son es, por tanto, lo adecuado. Este es el razonamiento que trata como finalidad el «orden medio» de las cosas.

En cambio, si nosotros consideramos el «orden medio» no como fin estable sino como punto de partida, podemos tener la intuición de que los niños pequeños observan espontáneamente mucho más de lo que las «lecciones de cosas» explican normalmente; siempre y cuando, naturalmente, se dé la libertad a los niños de observar según su instinto y no estén enfermos de «inhibición orgánica», es decir, inhibidos por miedo a actuar solos.

---

11. Montessori, Maria, *La scoperta del bambino*, pp. 185-187.

Digo «intuición» porque, a pesar de no haber estudiado metódicamente las manifestaciones infantiles espontáneas, se puede comprender empíricamente esa verdad. El niño tiene una «tendencia vital» a explorar el ambiente igual de grande que a escuchar el lenguaje; de hecho, debe conocer el mundo exterior y aprender a hablar por un instinto impetuoso. Digamos que es un período sensible de su vida que le hace observar tanto las cosas del ambiente como los sonidos de la voz humana.

Por lo tanto, no es necesario ilustrarles los objetos, sino solo no «atenuar» el instinto de observación que la naturaleza le ha dado.

Si queremos ayudarlo, debemos situarnos a una mayor altura. Debemos darle más de lo que él podría hacer solo con sus propias fuerzas.

Permítame hacer una afirmación osada: debemos darle la filosofía de las cosas.

Comenzamos por la abstracción. Las ideas abstractas son conceptos sintéticos de la mente que, independientes de las cosas reales, abstraen algunas cualidades comunes que, precisamente, no existen en sí mismas, sino en los objetos reales. Por ejemplo, el peso es una abstracción porque no existe en sí, solo existen «objetos que pesan».

Lo mismo puede decirse de la forma o el color. Estas palabras indican cosas abstractas, pero que son sintéticas en sí mismas porque acumulan abstractamente en una única idea una cualidad desaparecida de diversas maneras en un número infinito de objetos reales. Los niños que aman palpar los objetos materialmente, más que mirarlos, parecen las mentes más incapaces de ideas abstractas. Pero aquí viene una sutil diferencia. ¿Es la falta de objeto lo que hace inaccesible la abstracción en el niño pequeño o es una verdadera incapacidad mental para interesarse por esa síntesis de abrazar cosas infinitas que es la idea abstracta de una cualidad?

Es decir, si logramos «materializar» la idea abstracta, presentándola de forma adecuada para el niño (o sea, la de objetos palpables), ¿será su mente capaz de apreciarla, de tener un interés profundo en ella?

El material sensorial se puede considerar desde este punto de vista una «abstracción materializada». Presenta el «color», la «dimensión», la «forma», el «olor», el «sonido» de una forma tangible y distinta y ordenada en gradaciones que permiten clasificar y analizar las cualidades.

Cuando el niño pequeño se encuentra frente al material, te corresponde con un trabajo concentrado, serio, que parece sacar a relucir lo mejor de su consciencia. Parece de verdad que los niños están haciendo la conquista más alta que su mente es capaz de hacer: el material abre caminos a la inteligencia que de otro modo serían inaccesibles para la edad infantil.

Gracias a este material se produce la «concentración», porque contiene cosas dignas de absorber la intensa atención del niño.[12]

El desarrollo y el crecimiento tienen fundamentos sucesivos y relaciones cada vez más íntimas entre el individuo y el ambiente; porque el desarrollo de la personalidad (es decir, lo que se denomina libertad del niño) no puede ser otra cosa que la independencia sucesiva del adulto, llevada a cabo por medio de un ambiente adecuado, donde el niño encuentre los medios necesarios para el desarrollo de sus funciones. Esto es tan claro y simple como decir que el destete se efectúa preparando la alimentación del niño a base de cereales y jugos de frutas; es decir, utilizando los productos del ambiente en sustitución de la leche materna.

---

12. Montessori, Maria, *La scoperta del bambino*, pp. 193-195.

El error de la libertad del niño en la educación ha sido considerar una hipotética independencia del adulto sin la correspondiente preparación del ambiente. Esta preparación del ambiente es una ciencia educativa; lo mismo que en la preparación de la alimentación infantil se necesitan ciertas prescripciones higiénicas. Pero la preparación del ambiente psíquico, en sus bases esenciales, como fundamento de una nueva educación, ha sido esbozada por el mismo niño de modo suficientemente claro para poder constituir una realidad práctica.

Entre las revelaciones hechas por el niño hay una que es fundamental: el fenómeno de la normalización a través del trabajo. Millares de experimentos hechos por niños de todas las razas del mundo permiten demostrar el fenómeno que supone el experimento más seguro que ha existido jamás en el campo de la psicología y la educación. Es cierto que para el niño la aptitud para el trabajo es un instinto vital, porque sin el trabajo no puede organizarse la personalidad, porque se desviaría de los límites normales de su propia construcción: el hombre se construye trabajando. Nada puede sustituir a la falta de trabajo: ni el bienestar ni el afecto. Y, por otra parte, las desviaciones no pueden vencerse con castigos ni con ejemplos. El hombre se construye trabajando, efectuando trabajos manuales en los que la mano es el instrumento de la personalidad, el órgano de la inteligencia y de la voluntad individual, que labra su propia existencia cara a cara con el ambiente. El instinto del niño confirma que el trabajo es una tendencia intrínseca de la naturaleza humana: es el instinto característico de la especie.[13]

---

13. Montessori, Maria, *El niño. El secreto de la infancia*, p. 186, edición de Kindle.

El desarrollo no se enseña

Laura Beltrami

Hemos hablado del cerebro de los niños recordando su componente de plasticidad y el gran potencial de aprendizaje que acompaña a todo el crecimiento. Por lo tanto, no tenemos que angustiarnos porque en determinado momento los niños dejen de aprender, ni subestimar el papel fundamental del ambiente en este proceso. Pensemos, por ejemplo, en el tema de los períodos sensitivos que hemos descrito anteriormente y en la diferencia que puede suponer vivir en un ambiente que apoye el período sensitivo.

Montessori decía que el desarrollo no se enseña, pero que podemos ser una ayuda o un obstáculo en ese sentido. Podemos facilitar experiencias y descubrimientos o imponer restricciones y límites que empobrezcan las posibilidades de los niños. Montessori nos lo recuerda diciendo «en la naturaleza, crear no significa solo hacer algo sino también permitir que ese algo funcione». ¿Cómo permitimos al niño que crezca? ¿Con qué alimento? Con las experiencias en el ambiente.

Leeremos en fragmentos que Montessori, en primer lugar, había querido que el ambiente pudiera adaptarse a los niños y no al revés. Cuenta la historia de, por ejemplo, su esfuerzo inicial para conseguir para sus escuelas muebles hechos a medida y la necesidad de hacer que los construyeran teniendo en cuenta las pequeñas piernas y la fuerza de los pequeños brazos para que los alumnos pudieran escribir y trabajar sin estirarse en un banco demasiado alto o teniendo problemas para mover una silla demasiado pesada. Ahora esta conquista nos parece obvia: las mesas y sillas pequeñas no solo están presentes en los colegios, sino también en familia, a menudo en las salas de espera de los hospitales, en las áreas de juego de un ferry, en hoteles, en la consulta del pediatra y en los servicios destinados a los pequeños. Pero a veces lo olvidamos cuando pensamos que, como hay que cambiar la cama de nuestro hijo que deja la cuna, ya que estamos, vamos a cambiarle toda la habitación y a ponerle también un escritorio, que antes o después, necesitará. Exacto: antes o después. ¿Qué se necesita antes y qué después? ¿Qué sacrifico y qué preparo? ¿Un escritorio impide que haya espacio para jugar? No hace falta necesariamente un espacio amplio, sino bien organizado.

En los textos que veremos a continuación, Montessori habla precisamente de ambiente deficitario o demasiado enriquecido, con una exuberancia de posibilidades, y dice claramente que ambos interfieren con el desarrollo. Si el ambiente no ofrece estímulos, el desarrollo sufre un freno, si se excede, causa confusión.

Los niños tienen habitaciones con muchísimos juguetes, pensamos que así nuestro hijo tendrá muchos estímulos, pero este es un falso mito. Jugar no significa tener juguetes, ¿tienen su espacio la experiencia y la creatividad entre los objetos que atestan estantes y armarios? Además, muchas posibilidades no implican mucho aprendizaje, a menudo son demasiadas, confunden y, en la confusión, hacen perder la orientación, «dispersan energías», dice Montessori.

Sin duda, el ambiente no es solo el doméstico, sino toda la oferta de posibilidades de crecimiento y experimentación para el niño. En primer lugar, su casa y su habitación, pero también el barrio por el que puede ir solo a la papelería, en el caso de un preadolescente, el lugar de vacaciones, las actividades del tiempo libre.

Montessori describe al niño como un «heredero inconsciente de los grandes tesoros que posee», ¿cómo le ayudamos a descubrirlos? Hemos citado las experiencias en el ambiente. Para Montessori, son el «trabajo» del niño.

En sus colegios, nuestra científica propone la «vida práctica» (pelar, picar, triturar, lavar, atar y demás) o bien «materiales». Leeremos que para Montessori los materiales son medios que desarrollan un aprendizaje en la interacción con el ambiente, perfeccionan la educación sensorial, afinan los movimientos. Por ejemplo, pensemos en los cierres: tableros en los que el niño ejercita varios tipos, con cremallera, botones o cordones como los de los zapatos. O las campanas que reproducen las notas musicales, las mesitas que tienen varios colores en gradación, letras esmeriladas para tocar y aprender a escribir.

Pensemos en las barras numéricas: barras de colores que alternan rojo y azul con longitudes diferentes del 1 al 10. Al juntarlas, el niño descubre la cantidad asociada al tamaño (por lo largo que es el 1, el 2, el 3…), ve físicamente la diferencia entre dos tamaños (acercando la barra del 10 a la del 3 constata que la diferencia es 7), descubre cuánto le falta a un tamaño para formar otro (el 7 sumado al 3 forma el 10). ¡Un proceso enteramente visible, tocable y verificable que conduce a la adquisición nada menos que de tres conceptos!

Recordemos que las manos construyen la mente, que a partir de la experiencia sensorial maduran las funciones ejecutivas.

No se habla de «trabajitos», ¡sino de un método científico de aprendizaje que las neurociencias han confirmado plenamente! Se ponen los materiales a disposición del niño, que los elige libremente. Montessori dice que solo un material que interesa a un niño lo lleva a un ejercicio respetuoso y espontáneo. Lo sabe bien ella que hablaba de períodos sensitivos, hay que hacer la oferta apropiada en el momento adecuado.

¡Aquí entra en juego el adulto! También el adulto forma parte del ambiente, porque lo predispone o porque lo habita.

Leeremos más adelante que Montessori es muy clara cuando habla de los adultos que «si no están iluminados por la sabiduría de la naturaleza o de la ciencia, se convierten, en general, en los mayores obstáculos» de la vida del niño.

El papel de los adultos es el de dirigir, como dice la famosísima frase: «ayúdame a hacerlo solo». Montessori lo describe así: «el adulto también forma parte del entorno: el adulto debe adaptarse a las necesidades del niño y hacer que sea independiente para no convertirse en un obstáculo para él y para no reemplazarlo en las actividades mediante las cuales sucede su maduración». No debemos robar la experiencia a los niños, al hacer algo, hay tantos aprendizajes que ninguna lección o explicación podrán aportar lo mismo. Permitámosles ser pequeños, tardar unos minutos más en abrocharse el abrigo, poder derramar el agua y mojar el mantel, «perder el tiempo» delante del espejo observando la bombilla defectuosa que lo ilumina de forma intermitente, no escribir correctamente a mano pocos meses después de empezar el primer curso de primaria. ¿No siempre? Preguntémonos: ¿cuándo es posible?

Montessori dice «a los padres les gustaría que los niños fueran como ellos», en general, los adultos corren ese riesgo. Los ejemplos que leeremos son muy evocadores sobre todo si pensamos que este es un tema recurrente y que, a una distancia de más de setenta años, las exigencias son las mismas: juega con el agua sin mojarte, camina deprisa, ¡levántate del suelo que está sucio! La diversidad que nos aporta el niño es una diversidad con D mayúscula, la misma que nos pone nerviosos cuando nuestro colega no nos entiende, la que a veces nos hace incomprensible lo vivido por el otro. De hecho, se trata de una oportunidad. Si cuestionamos la premisa, nos damos espacio para cuestionarnos a nosotros mismos. Montessori describe muy bien que el niño no trabaja para alcanzar un objetivo, sino para hacer, para hacer esa experiencia, para aprender a hacerla. Por ejemplo, pensemos en un pequeño de menos de tres años que lanza una pelota desde lo alto de una escalera, baja con esfuerzo todos los escalones, se agarra con dificultad a la barandilla, toma la pelota, se da la vuelta, recupera el equilibrio, vuelve, paso a paso, tambaleándose, pero aferrándose a lo que ha recuperado, midiendo el impulso que lo lleva a subir, coordinando los movimientos. Al llegar arriba, se da la vuelta y tira de nuevo la pelota por las escaleras. Una señora que sube piensa que se le ha caído de las manos y para evitarle el esfuerzo, recoge el juguete y se lo da. ¿Resultado? Un llanto inconsolable. ¿Por qué? ¿Acaso la señora no ha sido amable? Sin duda, ha tenido una buena desde su punto de vista, le ha devuelto el juguete, pero le ha quitado el trabajo. Ha interrumpido al niño. El objetivo de este no era coger la pelota, sino absorber todos los aprendizajes que le ofrecía aquella experiencia.

L.B.

El ambiente y el niño

Si mediante la educación quisiéramos enseñar al niño a andar antes de este período, no lo conseguiríamos, porque caminar depende de una serie de desarrollos físicos que tienen lugar simultáneamente, o sea que es necesario que se establezca un estado de madurez localizada. La tentativa de forzar el desarrollo natural no conduciría a nada y dañaría seriamente al niño. La naturaleza dirige, todo depende de ella, y hay que obedecer sus órdenes precisas. Del mismo modo, si intentáramos detener al niño después de empezar a andar, no conseguiríamos nada, porque cuando un órgano se ha desarrollado debe entrar en uso. Crear no solo significa hacer algo, sino también permitir que este algo funcione. Apenas el órgano se halla completo, inmediatamente debe entrar en funcionamiento en el ambiente. En lenguaje moderno, estas funciones se han denominado «experiencias sobre el ambiente». Si estas experiencias no suceden, el órgano no se desarrolla normalmente, porque el órgano que antes se hallaba incompleto debe utilizarse para alcanzar su pleno desarrollo.

Por tanto, el niño solo puede desarrollarse mediante experiencias en el ambiente: a esta experimentación la denominamos «trabajo». En cuanto aparece el lenguaje, el niño empieza a balbucear y nadie puede obligarlo a guardar silencio; y una de las cosas más difíciles es hacer callar a un niño. Si el niño no hablara ni anduviera, no podría desarrollarse normalmente y sufriría un truncamiento en su desarrollo. En cambio, el niño anda, corre, salta y, al hacerlo, desarrolla las piernas. La naturaleza primero crea los instrumentos y luego los desarrolla por medio de sus funciones y gracias a las experiencias en el ambiente. Por consiguiente, el niño que ha aumentado su independencia mediante la adquisición de nuevas capacidades solo puede desarrollarse normalmente si tiene libertad de acción. El niño se desarrollará con el ejercicio de la independencia que él mismo ha conquistado. En efecto, el desarrollo, como dicen los psicólogos modernos, no le llega, «la conducta se consolida en cada individuo con las experiencias que realiza en el ambiente». Si entendemos la educación como ayuda al desarrollo de la vida infantil, debemos alegrarnos cuando el niño da señales de haber alcanzado cierto grado de independencia, y no podemos dejar de expresar nuestra alegría cuando el niño pronuncia su primera palabra, tanto más cuanto sabemos que no habríamos podido hacer nada para provocar este acontecimiento. Pero cuando reflexionamos y vemos que, aunque el desarrollo infantil no puede destruirse, puede hacerse incompleto o retrasarse si no se permite al niño realizar sus propias experiencias en el ambiente, surge la cuestión de la educación.

El primer problema de la educación es proporcionar al niño un ambiente que le permita desarrollar las funciones que tiene asignadas por la naturaleza. Esto no solo significa contentarle y permitir que haga lo que le plazca, sino disponernos a colaborar con una norma de la naturaleza, con una de sus leyes, que decreta que el desarrollo se efectúe mediante experiencias en el ambiente.

Con su primer paso, el niño alcanza un nivel de experiencias más elevado. Si observamos al niño en este momento de su desarrollo, veremos que tiene tendencia a conseguir una independencia ulterior. Desea actuar según su propia voluntad, es decir, quiere transportar cosas, vestirse y desnudarse solo, comer solo, etc., y esto no es efecto de nuestras sugerencias que lo estimulan. Lleva consigo tal impulso vital que, en general, nuestros esfuerzos se dirigen a impedirle actuar. Al oponer esta resistencia, el adulto no se opone al niño, sino a la misma naturaleza, porque el niño, con su voluntad, colabora con la naturaleza y obedece sus leyes paso a paso; primero en una dirección, luego en otra, y adquiere cada vez una mayor independencia de los que lo rodean hasta que llega el momento en el que quiere conquistar su propia independencia mental. Entonces mostrará una tendencia a desarrollar su propia mente a través de experiencias propias y no por medio de las experiencias de los demás; empezará a buscar la explicación de las cosas. En esta línea de desarrollo, se construye la individualidad humana durante el período de la infancia. No se trata de una teoría ni de una opinión, sino de hechos claros y naturales facilitados por la observación. Cuando decimos que tenemos que dar total libertad al niño, que la sociedad debe asegurar su independencia y su normal funcionamiento, no hablamos de un vago ideal, sino que nos referimos a observaciones directas sobre la vida, sobre la naturaleza, reveladoras de esta verdad. El hombre solo puede desarrollarse por medio de la libertad y de las experiencias sobre el ambiente.[14]

De este modo descubrimos que la educación no es lo que el maestro imparte, sino un proceso natural que se desarrolla espontáneamente en el individuo humano; que la educación no se adquiere escuchando palabras, sino por virtud de experiencias

---

14. Montessori, Maria, *La mente absorbente del niño*, pp. 1423-1456, edición de Kindle.

en el ambiente. La función del maestro no es hablar, sino preparar y disponer una serie de motivos de actividad cultural en un ambiente especial.[15]

El niño nuevo se revela ya desde los primeros meses de su nacimiento.

Queda muy claro que, si solo consideráramos como hechos psicológicos utilizables en la educación los relacionados con la conciencia y los expresados por el lenguaje, la educación del niño muy pequeño quedaría completamente descuidada. La convicción de que no se puede hacer nada por él más allá de los cuidados higiénicos ha escondido hechos de primordial importancia. Pero una preparación del adulto para recibir las manifestaciones psíquicas en lugar de sofocarlas ha dejado al descubierto que la vida psíquica de los niños es mucho más intensa y precoz de lo que se había pensado. Esto ha revelado con claridad que la vida psíquica del niño muy pequeño y sus esfuerzos por relacionarse con el ambiente externo preceden por mucho al desarrollo motor, de modo que existe un espíritu vivo y que necesita ayuda y cuidados psíquicos cuando el gran sistema motor aún no funciona y el lenguaje no se ha desarrollado. Por lo tanto, existe en el niño una dualidad, un contraste funcional entre la vida psíquica y la vida motora, a diferencia de los animales inferiores en los que el instinto anima al movimiento ya desde el momento del nacimiento. El hombre debe construirse como el gran instrumento mediante el cual el alma debe revelarse y actuar: eso hace pensar en una superioridad característica del hombre: debe animar con su yo al complicadísimo aparato de los movimientos, porque querrá servirse según la propia individualidad. Por eso el hombre se

---

15. Montessori, Maria, *La mente absorbente del niño*, p. 205-211, edición de Kindle.

construye a sí mismo: con la finalidad de poseerse y de dirigirse. Así vemos al niño moverse continuamente, debe construir la acción en relación con el espíritu paso a paso. Mientras el adulto actúa empujado por el pensamiento, el niño se mueve para construir una unidad de pensamiento y acción. Esta es la clave de la personalidad en su desarrollo.

Quienes impiden al niño el movimiento ponen obstáculos a la construcción de su propia personalidad. El pensamiento entonces se desarrolla independientemente de la acción: la acción obedece a las órdenes de otra persona, y es ahí cuando el movimiento no responde a la propia alma. El carácter se rompe y persiste un desacuerdo interior que debilita el ánimo. Este hecho de formidable importancia para el futuro de la humanidad debería tenerse en cuenta en primer lugar en la educación, tanto en la familia como en la escuela.

El espíritu del niño es más elevado de lo que suponemos. A menudo sufre no por trabajar mucho sino por sentirse forzado a un trabajo indigno de él. El interés del niño se dirige hacia un esfuerzo adecuado a su gran poder intelectual y a la dignidad de su persona. En miles de escuelas en todas partes del mundo, se ha visto trabajar a los nuevos niños alrededor de cosas que no se habrían creído capaces de hacer. De hecho, los niños pequeños han mostrado la posibilidad de trabajar largos ratos sin cansarse, de concentrar la atención en modo de abstraerse del mundo exterior y revelar así los movimientos constructivos de su personalidad. En lo que se refiere a la cultura, se han mostrado singularmente precoces: los niños de cuatro años y medio han aprendido a escribir, y han escrito con entusiasmo y gusto, tanto, que a este fenómeno lo hemos definido como *explosión de la escritura*.

En la edad precoz, toda la instrucción se cumple con facilidad, sin dejar cansancio, porque se trata de actividades espontáneas.[16]

Después del período de cero a tres años el niño ha adquirido algunas funciones especiales que le permiten defenderse si siente la opresión del adulto, porque puede explicarse con palabras, puede correr y alejarse o hacerse entender. La finalidad del niño no es defenderse, sino conquistar el ambiente y, con el ambiente, los medios para su propio desarrollo: pero ¿qué debe desarrollar, exactamente? Lo que ha creado hasta ahora. Por ello, de los tres a los seis años, cuando el niño conquista conscientemente su ambiente, entra en un período de verdadera construcción. Las cosas que ha creado en la época anterior emergen gracias a las experiencias conscientes que lleva a cabo en su ambiente. Estas experiencias no son simples juegos, ni acciones azarosas, sino un trabajo de crecimiento. La mano, guiada por la inteligencia, realiza el primer trabajo del hombre. Así, mientras en el período previo el niño era un ser casi contemplativo, que miraba su entorno con aparente pasividad y tomaba de este lo que le servía para construir los elementos de su ser, en este nuevo período ejercita su voluntad. Primero lo guiaba una fuerza oculta en él; ahora lo guía su ego, mientras que sus manos se muestran activas. Es como si el niño, que absorbía el mundo a través de una inteligencia inconsciente, ahora lo tomase por su mano.

Otra forma de desarrollo que se produce en esta época es el perfeccionamiento de las primeras adquisiciones. El ejemplo más claro lo ofrece el desarrollo espontáneo del lenguaje, que se prolonga hasta casi los cinco años. El lenguaje ya existe a partir de los dos años y medio: es completo no solo en la

---

16. Montessori, Maria, *El niño en familia*, pp. 72-76, edición de Kindle.

construcción de las palabras, sino también en la construcción gramatical del discurso. Aún existe la sensibilidad constructiva del lenguaje (período sensitivo), que ahora lo empuja a fijarlo en los sonidos: sobre todo a enriquecerlo con muchas palabras.

Por tanto, hay dos tendencias: la de desarrollar la conciencia a través de la actividad en el ambiente, y la de perfeccionar y enriquecer las conquistas realizadas. Estas indican que el período que va de los tres a los seis años es un período de «perfeccionamiento constructivo».

El poder de la mente de absorber el ambiente sin esfuerzo permanece; pero la absorción recibe ayuda para enriquecer sus adquisiciones por medio de una experiencia activa. Los «órganos de aprehensión» de la inteligencia no son solo los sentidos, sino también la mano. Mientras que antes el niño se absorbía mirando el mundo que lo rodeaba cuando lo transportaban de un lado para otro y lo observaba todo con vivo interés, ahora muestra una irresistible tendencia a tocarlo todo y a detenerse en los objetos. Siempre está ocupado, feliz, atareado con las manos. Su inteligencia no solo se desarrolla viviendo: tiene necesidad de un ambiente que ofrezca motivos de actividad, porque tienen que producirse desarrollos psíquicos ulteriores en esta época de tipo formativo.

Esta época recibe el nombre de «bendita edad de los juegos»: los adultos siempre la habían observado, pero hace poco tiempo que se estudia científicamente.

En Europa y América, donde el dinamismo incesante de la civilización ha alejado cada vez más a la humanidad de la naturaleza, la sociedad, para corresponder a su necesidad de actividad, ofrece al niño un número infinito de juguetes en vez de ofrecerle medios que estimulen su inteligencia. A esa edad tiende a tocarlo todo, mientras que los adultos tienen tendencia a dejarle tocar pocas cosas y le prohíben muchas. Por ejemplo, la única cosa real que se deja tocar a voluntad es la arena: en todo el mundo se hace jugar a los niños con arena; quizás se les permitirá entretenerse con agua, pero no mucho, porque el niño se empapa; además, el agua y la arena manchan, y los adultos no quieren ocuparse de estas consecuencias.

En los países en los que la industria del juguete no está tan avanzada, los niños son muy distintos; más tranquilos, sanos y alegres. Se inspiran en las actividades que los rodean, son seres normales que tocan y utilizan los objetos que emplean los adultos. Cuando la madre lava o hace el pan y las hogazas, el niño la imita. Es una imitación, pero inteligente, selectiva, a través de la cual el niño se prepara para formar parte de su ambiente. No se puede poner en duda que el niño debe hacer cosas para sus propios fines. La tendencia moderna es dar al niño la posibilidad de imitar las acciones de los adultos de su familia o comunidad proporcionándole objetos a la medida de su fuerza y de sus posibilidades, y un ambiente en el que pueda moverse, hablar y lanzarse a dedicarse a una actividad constructiva e inteligente.

Todo esto parece obvio, pero cuando expusimos esta idea por primera vez, la gente se sorprendió. Cuando nosotros preparamos para niños de tres a seis años un ambiente adecuado a ellos, para que pudieran vivir en él como en su propia casa, la gente se maravilló. Las sillitas, mesitas, los servicios de mesa y baño minúsculos; las acciones reales de poner la mesa, fregar los platos, barrer y limpiar el polvo, además de ejercicios para vestirse solos, impresionaron como tentativa original para la educación de los niños.

La vida social entre los niños hizo nacer en ellos gustos y tendencias que eran una sorpresa: fueron los propios niños los que prefirieron los compañeros a las muñecas, y los objetos de uso práctico a los juguetes.

El profesor Dewey, el famoso educador estadounidense, pensó que en Nueva York (el gran centro de la vida estadounidense) debían existir objetos dedicados a los niños pequeños. Él mismo recorrió todas las tiendas de Nueva York para comprar pequeñas escobas, platos, etc. Pero no encontró nada: ni siquiera existía la intención de fabricarlos. Solo encontró innumerables juguetes de todo tipo.

Ante este estado de cosas, el profesor Dewey dijo: «El niño ha sido olvidado». Pero ha sido olvidado de muchas otras formas, es el ciudadano olvidado que vive en un mundo donde hay de todo para todos excepto para él. Vaga sin finalidad, de capricho en capricho, destruyendo juguetes, buscando en vano satisfacciones para su alma, mientras el adulto no consigue ver nada de su verdadero ser.

Una vez derribada esta barrera y desvelado el velo que ocultaba la realidad, cuando dimos cosas reales al pequeño, esperábamos encontrarnos con la alegría y un vivo deseo de usarlas…, pero sucedió algo más. El niño manifestó una personalidad completamente distinta. El primer resultado fue un acto de independencia: parecía que dijese: «Quiero bastarme a mí mismo, no me ayudéis». Se había convertido de golpe en un hombre que buscaba la independencia, que rechazaba toda ayuda. Nadie habría imaginado nunca que su primera reacción sería esta y que el adulto debería limitarse a hacer de observador.

Apenas inmerso en ese ambiente proporcionado a su tamaño, el pequeño se convirtió en su dueño. Vida social y desarrollo del carácter se produjeron de forma espontánea. La única finalidad que hay que alcanzar no es la felicidad del niño; es preciso que además se convierta en el constructor del hombre, independiente en sus funciones; trabajador y dueño de lo que depende de él. Esta es la luz que revela el inicio de la vida consciente del individuo. [17]

Los pequeños de las Casas de los Niños se inician en cuatro ramas de la cultura (dibujo, escritura, lectura y aritmética) que continuarán insensiblemente en las escuelas primarias.

Estas ramas derivan de la educación de los sentidos, donde se hallan la preparación y los impulsos iniciales de las cuatro ramas que brotan con una especie de vehemencia. De hecho, la aritmética deriva de un ejercicio sensorial para valorar las dimensiones, es decir, las relaciones cuantitativas entre las cosas; el dibujo proviene de una educación del ojo para valorar las formas y distinguir los colores, y prepara la mano para seguir los contornos de objetos determinados; la escritura deriva de un conjunto más complejo de ejercicios táctiles dirigidos por la mano ligera para moverse en direcciones concretas, la vista analiza contornos y formas abstractas, el oído percibe los sonidos de la voz que habla modulando las palabras en todos los sonidos que componen la lectura, que nace de la escritura y alarga la conquista individual en la recopilación del lenguaje revelado por los escritos de otros. Dichas conquistas son manifestaciones potentes de energía interior y se revelan con un carácter explosivo: el ímpetu de las actividades superiores va acompañado por parte del niño con entusiasmo y alegría. Es decir, no es un aprendizaje árido, sino una manifestación triunfal de la personalidad que ha encontrado los medios para corresponder a las profundas necesidades de la vida. Y como un romano victorioso de la antigüedad que avanza sobre la soberbia cuadriga, el espíritu del niño recto y

---

17. Montessori, Maria, *La mente absorbente del niño*, pp. 2558-2625, edición de Kindle.

equilibrado va guiando por sí solo sus cuatro conquistas intelectuales: los cuatro caballos de la cuadriga triunfal que corren
llenos de fuerza hacia los grados adicionales de la cultura.[18]

Por el contrario, el ambiente no es capaz de ocultar
demasiado el secreto del niño. Y es en el ambiente donde
hay que actuar para liberar sus manifestaciones; el niño se
encuentra en un período de creación y bastará con abrirle
la puerta. Lo que se está creando, lo que de la nada pasa
a la existencia y que pasa de ser posible a real en el momento que sale de la nada, no puede originar complicacio-
nes; y si se trata de una energía expansiva, no hay dificultad
alguna para que se manifieste.

Así, preparando un ambiente adaptado al momento vital,
la manifestación psíquica natural llegará espontáneamente y
revelará el secreto del niño. Sin este principio es evidente el
peligro de que todos los esfuerzos de la educación penetren en
un laberinto sin salida.

En este principio reside la verdadera educación: acudir
primero al descubrimiento del niño y liberarlo. En esto consiste, puede decirse, el problema mismo de la existencia: primero existir. A continuación, se presenta el otro capítulo, tan
largo como la evolución hacia el estado adulto y que consiste
en el problema de los auxilios que deben ofrecer.

Estas páginas tienen una base común, que es el ambiente,
que facilita la expansión del ser en vías de desarrollo, si se redu-
cen los obstáculos al mínimo. El ambiente recoge las energías,
porque ofrece los medios necesarios para el desarrollo de la actividad derivada de los seres. Pero el adulto forma parte del
ambiente; el adulto debe adaptarse a las necesidades del niño,
con objeto de no ser un obstáculo para este y no sustituirlo en

---

18. Montessori, Maria, *La scoperta del bambino*, p. 350.

las diversas actividades a desarrollar por el niño antes de llegar a su madurez.[19]

Un trabajo «reconstituyente» no es el producto de un «esfuerzo mental», sino del que provoca la coordinación del organismo psicomuscular. Son los trabajos no productivos de objetos, pero se podrían denominar trabajos conservadores de objetos, como serían: quitar el polvo o limpiar el escritorio, barrer el suelo, poner o quitar la mesa, sacar brillo a los zapatos, desplegar una alfombra. Son los trabajos que un siervo hace para conservar los objetos propiedad de su señor; algo muy alejado de los trabajos del operario que, en cambio, con un esfuerzo inteligente, ha producido dichos objetos. Son dos tipos de trabajo fundamentalmente distintos. Uno es simple, es una actividad coordinada que apenas supone un paso más elevado respecto a la actividad necesaria para pasar o saltar: porque da simplemente un objetivo a dichos movimientos simples. En cambio, el trabajo «productivo» conlleva un trabajo intelectual previo de preparación e incluye una serie de adquisiciones motoras muy complicadas, junto a una aplicación de ejercicios sensoriales. El primero es el trabajo adecuado para los niños pequeños que deben «moverse para aprender a coordinar sus movimientos». Y consiste en los denominados ejercicios de vida práctica, que corresponden al principio psíquico de «libertad del movimiento». Para eso, basta preparar un «ambiente adecuado» como se prepararía una rama de árbol en una pajarería y después dejar libres a los niños a sus instintos de actividad y de imitación. Los objetos circundantes deben proporcionarse a las dimensiones y fuerza del niño: móviles ligeros que él pueda transportar, armarios bajos a los que pueda llegar su brazo: cerraduras de fácil manejo: cajones que se deslicen: puertas ligeras que abrir y cerrar: colgadores fijados en la pared a la altura de la

---

19. Montessori, Maria, *El niño. El secreto de la infancia*, p. 114, edición de Kindle.

mano del niño: cepillos que pueda agarrar, barras de jabón que quepan en el hueco de su mano, cuencos pequeños que tenga fuerza para poder vaciar, escobas con mangos cortos, lisos y ligeros, ropa que pueda ponerse y quitarse con facilidad; ese es un ambiente que invita a la actividad y en el que poco a poco el niño perfecciona incansablemente sus movimientos y adquiere gracia y habilidades humanas. Es este campo abierto a la libre actividad del niño lo que le permitirá moverse y formarse como un hombre. No es el movimiento en sí, sino un coeficiente poderoso para la formación compleja de su personalidad lo que obtiene de estos ejercicios. Sus sentimientos sociales en las relaciones que establece con los demás niños libres y activos, colaboradores de una especie de mezcla adecuada para proteger y ayudar a su crecimiento; el sentimiento de dignidad del niño que aprende a bastarse por sí mismo en un ambiente que él conserva y domina: todos estos son los coeficientes de humanidad que acompañan al «libre movimiento». De la consciencia de este desarrollo de su personalidad, el niño extrae los motivos de su persistencia en estos trabajos, la diligencia al realizarlos y la alegría superior que demuestra cuando los ha hecho. Sin duda, en ese ambiente, él trabaja solo y refuerza su vida interior, como cuando, con el cuerpo inmerso en el aire fresco y las extremidades en movimiento en los prados, trabajaba en el crecimiento de su organismo físico y lo fortalecía...[20]

El método de observación se establece sobre una única base: los niños se pueden expresar libremente y revelar así necesidades y aptitudes que permanecen ocultas o reprimidas cuando no existe un ambiente adecuado para permitir su actividad espontánea. Al final, es necesario que junto a un observador exista lo que se debe observar y, si es necesaria una

20. Montessori, Maria, *Educazione alla libertà*, pp. 53-55.

preparación en el observador para que sepa «ver» y «recolectar» la verdad, también es necesario preparar en el otro lado condiciones que hagan posible la manifestación de las características naturales en los niños.

Esta última parte del problema, que nadie había tenido en consideración aún en la «pedagogía», me pareció verdaderamente importante y la más directamente pedagógica: estaba orientada a la vida activa del niño.

Por eso, empecé por mandar construir un mobiliario escolar proporcionado al niño y que respondiera a su necesidad de actuar de forma inteligente.

Mandé construir mesitas de varias formas para que no supusieran un obstáculo, pero fueran ligerísimas para que dos niños pequeños de cuatro años pudieran transportarlas con facilidad. Hice fabricar sillas pequeñas, unas de mimbre y otras de madera, ligeras y elegantes en la medida de lo posible, pero que no fueran una reproducción pequeña de las sillas del adulto sino proporcionadas a la forma del cuerpo infantil. Además, encargué sillones de madera con brazos largos y sillones de mimbre. También mesas pequeñas y cuadradas de una sola plaza y mesas de más formas y medidas que se cubren con pequeños tapetes de tela y se adornan con cuentos con verduras y jarrones con flores. Forma parte del mobiliario un lavabo muy bajo para que sea accesible a un niño de tres o cuatro años, con laterales totalmente blancos y lavables, para poner jabones, cepillos y toallas. Los armarios son bajos, ligeros y muy simples. Algunos se cierran con una simple cortina, otros con puertas, cada una se cierra con una llave distinta: la cerradura está a la altura de la mano del niño para que puedan abrir y cerrar y poner objetos dentro de los compartimentos. En la parte superior del armario largo y estrecho hay una pecera con peces vivos o adornos varios. En las paredes, abajo para ser accesible a niños pequeños, se cuelgan las pizarras y cuadros pequeños que representan escenas familiares amables u objetos naturales como animales o flores; es decir, cuadros históricos o sagrados que pueden variar de un día para otro.

Un gran cuadro de colores que reproduce la Virgen de la Silla de Rafael preside en la pared y nosotros lo hemos elegido para que sea emblema y símbolo de las Casas de los Niños. De hecho, estas Casas representan no solo un progreso social, sino también un progreso de la humanidad; están estrechamente relacionadas con la elevación de la madre, con el progreso de la mujer y con la protección de la posteridad. La Virgen ideada por el divino Rafael es no solo bella y dulce como una sublime Virgen y madre con su niño adorable, sino que, junto a un símbolo tan perfecto de la maternidad viva y real, se halla la figura de san Juan Bautista, que nos presenta en la fresca belleza de un niño los duros sacrificios de quien prepara el camino. Es la obra del mayor artista italiano y si un día las Casas de los Niños se expandieran por el mundo, el cuadro de Rafael hablaría elocuentemente de su patria de origen.

Los niños no comprenderán el significado simbólico de la Virgen de la Silla; pero verán algo más grande que en los demás cuadros en los que se representa a madres, padres, abuelos y niños, y lo llevarán en el corazón con sentimiento y aspiración religiosa.

Ese es el ambiente.[21]

Otra circunstancia favorable fue el material científico adecuado y atractivo que se ofreció a los niños, perfeccionado para la educación sensorial; todas cosas capaces de concentrar

---

21. Montessori, Maria, *La scoperta del bambino*, pp. 50-52.

la atención. Nada hubiera podido asegurar el éxito, si se pretendiese despertar las energías con manifestaciones externas, enseñando el maestro en voz alta.

En resumen, el ambiente adecuado, el maestro humilde y el material científico. Estos son los tres puntos esenciales exteriores.

Investiguemos ahora algunas de las manifestaciones de los niños.

La más relevante, la que parece debida a un talismán mágico que abre las puertas para la expansión de los caracteres normales, es la actividad concentrada en un trabajo y el ejercicio sobre un objeto exterior con movimientos de las manos, guiados por la inteligencia. Entonces aparecen algunos caracteres que tienen evidentemente un móvil interior, como la «repetición del ejercicio» y la «libre elección». Entonces aparece el niño: iluminado por el gozo, infatigable porque la actividad es como el metabolismo psíquico, fuente vital de desarrollo. Su elección lo guiará todo en lo sucesivo, correspondiendo con efusión a ciertas pruebas, como el silencio; se entusiasma con ciertas enseñanzas que le abren un camino de justicia y dignidad. Absorbe con intensidad los medios que le permiten desarrollar su espíritu. Por el contrario, rehúsa las recompensas, las golosinas y los juguetes. Nos demuestra además que el orden y la disciplina son para él necesidades y manifestaciones vitales. Y sin embargo, es un niño: fresco, sincero, alegre, brincador, que grita y aplaude cuando se entusiasma, corre, saluda en voz alta, agradece efusivamente, llama y va directamente a las personas para demostrar su gratitud, se acerca a todo el mundo, todo lo admira y se adapta a todo.[22]

---

22. Montessori, Maria, *El niño. El secreto de la infancia*, p. 141, edición de Kindle.

El valor evidente de la educación y el refinamiento de los sentidos, que amplía el campo de la percepción, ofrece una base cada vez más sólida y rica al desarrollo de la inteligencia. A través del contacto y la exploración del ambiente, la inteligencia eleva ese patrimonio de ideas operantes, sin las cuales su funcionamiento abstracto carecería de fundamento y precisión, exactitud e inspiración. Este contacto se establece a través de los sentidos y el movimiento. Si se educan y perfeccionan los sentidos, aunque solo sea una adquisición temporal en la vida de los individuos que más tarde no los acaben usando de una forma tan amplia y constante como en ciertas profesiones específicamente prácticas y sensoriales, el valor de esta educación de los sentidos no disminuye, porque precisamente en este período de desarrollo se forman las ideas básicas y los hábitos de la inteligencia.

También hay otra vertiente importante de esta educación. El niño de dos años y medio o tres que viene a nuestras Casas de los Niños ha sido, en los años anteriores de su vida, muy activo y mentalmente despierto, ha acumulado y absorbido una cantidad de impresiones. Este hecho notable, cuya importancia difícilmente se puede exagerar, sucede, sin embargo, sin ninguna ayuda ni guía del exterior. Tanto las impresiones esenciales como las casuales se acumulan juntas, lo que crea una riqueza confusa pero considerable en su mente subconsciente.

Con la manifestación gradual de la conciencia y de la voluntad, se hace imperativa la necesidad de crear orden y claridad y distinguir entre lo esencial y lo casual. El niño es maduro por un redescubrimiento del proprio ambiente y de la riqueza interior de impresiones que se ha llevado. Para darse cuenta de esta necesidad, el niño requiere una guía científica exacta, como la que hace posible nuestra dotación instrumental y nuestros ejercicios. Podemos comparar al niño con un ser que no es consciente de los grandes tesoros que posee, ansioso por disfrutarlos a través del conocimiento de un experto de profesión, y de catalogarlos y clasificarlos, para tenerlos a su plena e inmediata disposición.

Si parece posible dudar sobre la permanencia de un aumento de la actividad sensorial refinada en ciertos campos de acción de la vida, este último hecho realmente parece una adquisición de la máxima duración. Generalmente el primer objetivo de la educación de los sentidos se ha considerado la razón de la importancia que se atribuye a nuestro método, mientras que el segundo no es para nosotros inferior, al contrario, en realidad, es su primer motivo. Nuestra experiencia y la de nuestros seguidores solo ha servido para valorar nuestra idea.

En conclusión, podemos mencionar el gran servicio prestado por nuestro material sensorial y por los ejercicios llevados a cabo con ellos para el descubrimiento de defectos en las funciones de los sentidos en un período en el que todavía se puede hacer mucho para remediarlo.

El material sensorial está formado por un sistema de objetos que se agrupan según una determinada cualidad física de los cuerpos como color, forma, dimensión, sonido, rugosidad, peso, temperatura, etc. Por ejemplo, un grupo de campanas que reproducen los tonos musicales, un conjunto de tablillas que tienen distintos colores en gradación, un grupo de sólidos que tienen la misma forma y tamaños progresivos y otros que en cambio difieren entre sí por la forma geométrica, cosas de distinto peso y del mismo tamaño, etc.

Cada grupo representa la misma cualidad, pero en diferentes grados: se trata, por tanto, de una gradación en la que la diferencia entre un objeto y otro varía regularmente y, cuando es posible, se establece matemáticamente.

Sin embargo, debe aplicarse un criterio genérico similar a una determinación práctica que depende de la psicología del niño y se escogerá con la experiencia, como adecuado para educar, solo un material que efectivamente «interesa» al pequeño niño y lo contiene en un ejercicio espontáneo y elegido respetuosamente.

Cada grupo de objetos (material de los sonidos, material de los colores, etc.) que presenta una gradación tiene, por tanto, en los extremos el «máximo» y el «mínimo» de la serie, que determinan los límites que, más propiamente, están fijados por el uso que hace el niño de ellos. Estos dos extremos, si se acercan, demuestran la diferencia más clara que existe en la serie y por esa razón establecen el contraste más marcado que es posible con el material. El contraste es relevante, hace evidentes las diferencias y el niño también antes de practicar es capaz de interesarse por ello.[23]

El primer paso para resolver integralmente el problema de la educación no debe darse hacia el niño, sino hacia el adulto educador: hace falta aclarar su conciencia, despojarlo de muchas ideas preconcebidas: al final, cambiar su postura moral. A este primer paso le sigue otro de preparar al niño un ambiente apto para su vida y sin obstáculos. El ambiente puede ser determinado por la guía de una sola persona: el niño, que mientras es liberado de la necesidad de tener que luchar contra los obstáculos, comienza a manifestar sus características superiores, sus tendencias más altas y puras de creador de una personalidad nueva. En estos dos pasos se cumple la preparación necesaria del fundamento: la de resolver en un cambio de orden moral tanto del

---

23. Montessori, Maria, *La scoperta del bambino*, pp. 109-111.

adulto como del niño. De hecho, al preparar un ambiente proporcionado y exponerlo a la libre elección de los motivos de la actividad, el niño en la calma del trabajo comenzó a mostrar características que no se habían reconocido antes. El ambiente adecuado a las necesidades más elementales y evidentes de la vida espiritual era un ambiente revelador de actitudes, que en el niño habían quedado secretas, ocultas: porque en el conflicto con el adulto se habían desarrollado solamente las características de defensa y represión. Existen, por lo tanto, dos personalidades psíquicas en el niño: la natural y creativa, que es normal y superior; y la adaptación forzada, que es inferior y que tiene el carácter agudo y los contornos de la lucha de un débil atacado por un fuerte. El dato nuevo resultado de este nuevo orden de cosas es el que se ha convertido en un faro que guía el camino de la educación, es la figura del nuevo niño: esa ha sido la revelación, se puede decir, el «descubrimiento» psicológico que ha guiado la nueva educación. El nuevo niño demuestra, junto con la desenvoltura de sus actos, confianza en sí mismo, valor; se presenta dotado de aquellas fuerzas morales que son también de orden social; al mismo tiempo desaparecen o, mejor dicho, no se presentan, los defectos que en vano se había tratado de destruir con la educación, es decir, el capricho, el espíritu de destrucción, la mentira, la timidez, el miedo y, en general, todas las características que relacionadas con un estado de defensa. Junto al nuevo niño, el adulto que está en comunicación con él, es decir, el maestro, ha asumido una orientación del todo nueva: ya no es el adulto-enérgico, es el adulto humilde y se ha convertido en siervo de la nueva vida. Al haberse presentado esta experiencia cardinal, ya no es posible discutir sobre la educación si no se determina antes la base de la discusión: es decir, hablar del niño sujeto a la energía adulta y puesto en permanente estado de defensa cuando no ha ganado en la represión o si se habla del niño liberado de la energía adulta y puesto en condiciones de vida normal que le permitirán manifestar sus características creativas. En el primer caso, el adulto mismo es la causa de las dificultades que crea sin tener conciencia, y contra las que combate, y se encuentra «en la selva de los problemas sin solución». En el segundo, acaso el adulto ha tomado conciencia de su error y se ha puesto en la posición justa con respecto al niño: entonces encuentra frente a él un camino plano, fácil y luminoso; un nuevo mundo pacífico y lleno de maravillas.

En este segundo camino se puede iniciar la ciencia de la educación. El concepto de ciencia, de hecho, presume la verdad encontrada o descubierta: una seguridad que sirva de pedestal a su proceder y necesita una guía segura y determinada que es, en ocasiones, un método de investigación y, en otras, un control a los posibles errores de procedimiento. Y, bien, esta guía de precisiones ha sido indicada por el niño: pide al adulto-siervo que lo ayude de esta forma: «Ayúdame a hacerlo solo».

De hecho, el niño se desarrolla en su ambiente por actividad propia, es verdad, pero necesita los medios materiales, de dirección y de conocimientos indispensables: ahora es el adulto el que debe proveer estas necesidades inherentes al desarrollo. El adulto tiene que dar lo necesario para que el niño pueda desenvolverse por sí mismo: si da menos de lo necesario, el niño no puede actuar útilmente, si el adulto da más de lo que se necesita, y por lo tanto se impone o sustituye al niño, apaga sus impulsos laboriosos. Existe una intervención determinada: hay un límite perfecto que se tiene que alcanzar que se podría llamar «el umbral de la intervención».

Esta determinación se hace cada vez más precisa, poco a poco, mientras la experiencia aumenta siguiendo la guía y llega a esclarecerse en modo cada vez más exacto la relación necesaria entre la personalidad del adulto educador y la del niño.

La actividad del niño se desarrolla en relación con el material, es decir, con objetos y cosas determinadas científicamente y puestas a su disposición en el ambiente. En este particular está la solución del problema relacionado con la adquisición de la cultura, que consiste no solo en limitar la intervención del adulto, sino también en sustituir las antiguas enseñanzas del maestro por un material que le permitirá al niño adquirir por sí mismo el conocimiento necesario, siguiendo sus propias necesidades de desarrollo. Cada niño tiene libre albedrío de su propia actividad, se desarrolla siguiendo sus necesidades creativas más íntimas y profundas y progresa en la instrucción: así se desarrolla la individualidad, basandose en un ejercicio que conduce a la adquisición de la cultura. El maestro permanece en la tarea de director y guía, solamente una ayuda, un servidor, mientras la personalidad infantil se desarrolla por su propia fuerza, ejercitando sus actividades.

Muchas aclaraciones de gran importancia se han derivado de estas experiencias, y construyen poco a poco, en nuevas líneas, una ciencia pedagógica de claridad cristalina. Una de ellas es que no solamente la intervención de los adultos tiene límites, sino que también lo tiene el material, y en general todo el ambiente. Puede ocurrir que existan deficiencias o exceso de materiales, las dos opciones son nocivas para el desarrollo normal del niño: la falta de material causa interrupción y el exceso lleva a la confusión y dispersión de energías.

Para aclarar este concepto se puede recurrir a hechos análogos: por ejemplo, la alimentación. Se sabe que la escasez de alimento puede conducir a la desnutrición, pero un exceso causa envenenamiento y predispone a innumerables males. Es bien sabido que un exceso de alimento no revigoriza, sino que debilita; pero hubo un tiempo en que se creía que se era más sano y feliz si se comía abundantemente. Al corregir este error, llegaron determinaciones cada vez más precisas sobre la cantidad y la calidad del alimento, es decir, la ciencia de la alimentación se orientó hacia una conciencia precisa de los límites. Hoy en día, quienes han comprendido la idea de que el material es la llave de la educación individual, piensan que es mejor dar grandes cantidades de material, sin un orden sistemático, sin ningún límite. Estas personas se pueden comparar a los que en épocas pasadas pensaban que se alcanzaba la mayor prosperidad física comiendo sin límites. La comparación es perfecta en los dos casos porque se trata de alimentos del cuerpo y del espíritu. También la elaboración de los medios físicos de desarrollo, es decir, del material, tiende a reconocer los límites cada vez más exactos, capaces de procurar el pleno desarrollo, la máxima actividad espontánea. Es hacia la figura del nuevo niño donde se guían esas determinaciones.[24]

---

24. Montessori, Maria, *El niño en familia*, pp. 70-72, edición de Kindle.

El papel de los adultos

El niño se encuentra al entero cuidado de los adultos, quienes, a menos que se hallen bajo la luz de la ciencia o el conocimiento de la naturaleza, constituirán los mayores obstáculos en la vida para él. A fin de desarrollarse, el niño de tres años debe experimentar con el medio a partir de las herramientas que ha generado durante sus primeros años. Si bien ha olvidado lo que sucedió en ellos, en ese momento afloran de su conciencia las facultades que creó entonces y se manifiestan en forma de experiencias ejecutadas conscientemente. Guiadas por la inteligencia, las manos hacen una especie de trabajo y llevan a la práctica la voluntad de la psique. Es como si el niño, cuya inteligencia antes había acogido al mundo, ahora lo tomara en sus manos. Desea perfeccionar sus aprendizajes previos, como el idioma, que, aunque ya está completamente desarrollado, se sigue enriqueciendo hasta los cuatro años y medio. La mente aún no ha perdido la cualidad propia del embrión de absorber conocimiento incansablemente, pero ahora el órgano directo de prensión intelectual es la mano y, para desarrollarse, el niño trabaja con las manos en lugar de deambular. A esta edad, el niño está constantemente ocupado, se halla feliz y contento si tiene algo que hacer con las manos. Los adultos dicen que esta es la divina edad del juego y la sociedad se ha encargado de fabricar juguetes que se correspondan con las actividades del niño. En vez de proporcionarle los medios para que desarrolle su inteligencia, le dan juguetes que no sirven para nada. Quiere tocarlo todo, pero solo le dejan tocar algunas cosas y le prohíben otras; la única cosa real que le dejan tocar es la arena, y donde no hay arena, los hombres compasivos la llevan, pero solo para los niños ricos. A veces también les dejan jugar con agua, pero no demasiada, porque después se mojan y si mezclan agua con arena se ensucia todo ¡y los adultos tienen que limpiar! Cuando se cansa de jugar con arena, le dan modelos en pequeña escala de las cosas que usan los adultos, cocinas y casas en miniatura, y pianos de juguete, pero estas miniaturas no se pueden usar como los objetos de verdad. Los adultos admiten que el niño quiere copiarlos con su trabajo, pero no le dan cosas con las que pueda trabajar. ¡Parece que se estuvieran burlando de él! Al pobre niño solitario le dan una figura humana de mentira, un muñeco que tal vez termine por resultarle más real que el padre o la madre, pero el muñequito no contesta ni corresponde el amor que recibe y, por lo tanto, es un sustituto insatisfactorio de la sociedad.[25]

Este es el primer desacuerdo del hombre que hace su entrada en el mundo: él debe luchar contra los padres, contra quienes le dieron la vida. Y esto sucede porque su vida infantil es «distinta» a la de sus padres: el niño se debe «formar», mientras que los padres ya están formados. El niño debe moverse mucho para coordinar sus movimientos aún desordenados; los padres, en cambio, tienen la movilidad voluntaria organizada y pueden contener sus movimientos; quizás a menudo están cansados por el trabajo. El niño todavía no tiene los sentidos bien desarrollados: los poderes de acomodación

---

25. Montessori, Maria, *Educar para un nuevo mundo*, pp. 48-49, edición de Kindle.

son insuficientes y necesita la ayuda del tacto, la palpación, para comprender los objetos y el espacio; gracias a la experiencia con las manos enderezará sus ojos. En cambio, los padres tienen los sentidos desarrollados, ya han corregido las ilusiones primitivas de los sentidos, los poderes de acomodación son perfectos, si no se han echado a perder con el abuso: en cualquier caso, la actividad cerebral acomoda los sentidos para que reciba la impresión correcta: no tienen necesidad de tocar. Los niños están ansiosos por conocer el mundo exterior: los padres lo conocen hasta la saciedad. Por esa razón, no se entienden. Los padres querrían que los niños fueran como ellos y que sean distintos es «malo». Basta con pensar en la madre que arrastra al niño pequeño que debe correr mientras ella camina. Él tiene las piernas cortas, y ella, largas; él, débiles, ella, fuertes. Él debe cargar el peso del propio cuerpo y de la cabeza desproporcionadamente grande frente a la madre, que tiene el busto y la cabeza proporcionalmente más pequeños y delgados. El niño está cansado y llora, y la madre grita: «¡Camina! ¡Eres malo! No quiero rabietas. ¡Quieres que te lleve en brazos, perezoso! Pero no voy a ceder». O quizás la madre que ve al niño tumbarse voluntariamente en el suelo o acostarse bocabajo con la tripa en el suelo y los pies levantados, agarrándose los codos y mirando a su alrededor: «¡Levántate del suelo! ¡Te vas a ensuciar todo! ¡Malo!». Todo esto no se traduce como: «El niño es distinto del adulto». Las formas de su cuerpo hacen que la cabeza y el busto sean enormemente grandes en relación con las piernas pequeñas y tiernas, porque son la parte que más debe crecer. Por tanto, el niño no puede aguantar el camino y prefiere la posición tumbada, que es muy higiénica para él. Él es maravilloso en su tendencia al desarrollo: coge las primeras ideas del mundo exterior y ayuda al sentido de la vista y del oído con el tacto para conocer la forma de los objetos y la distancia. Se mueve continuamente porque debe coordinar y adaptar su movilidad. Por eso, moverse mucho, caminar poco, tirarse al suelo, tocarlo todo, son signos de que vive, de que crece. No, todo esto se traduce como: «¡Es malo!». Evidentemente, esta no es una cuestión moral. Nosotros no buscaremos los medios para «corregir» estas malas tendencias del hombre recién nacido. No es una cuestión moral, sino vital. El niño intenta «vivir» y nosotros se lo queremos impedir. En este sentido, para nosotros, se convierte en una cuestión moral; dado que empezamos a analizar errores que, por nuestra parte, producen un daño, dañan los derechos de otros. Asimismo, bajo nuestro error de tratamiento, muy al fondo, se esconde nuestro egoísmo: la culpa del niño es, básicamente, que «nos molesta». Nosotros luchamos contra él para defender nuestro bienestar, nuestra libertad. Cuántas veces sentimos en el fondo del corazón que somos injustos, pero enterramos esta impresión: el pequeño rebelde no acusa, no guarda rencor. Al contrario, igual que persiste en sus «maldades», que son formas de vida, persiste en amarnos, en perdonarnos todo, olvidar las ofensas y querernos, querer dormirse tiernamente en nuestro pecho. También esta es una forma de vida. Y nosotros, si estamos cansados o hartos, lo rechazamos, ocultando un poco hipócritamente también este exceso de egoísmo con una apariencia de bien por el niño: «No hagas muecas». El insulto, la calumnia siempre están en nuestros labios como el estribillo de una canción: «¡Malo! ¡Malo!». Sin embargo, el perfil del niño podría ser el de la bondad perfecta: «no piensa mal, no disfruta de la injusticia, a todo se acomoda, se lo cree todo, lo espera todo». Nosotros no; no podemos decir siempre lo mismo. Si la lucha entre el adulto y el niño acabara en la «paz», y el adulto aceptando las condiciones infantiles intentando ayudarle, él podría avanzar hacia uno de los placeres más excelsos que la naturaleza nos haya ofrecido como regalo: seguir al niño en su desarrollo natural, ver cómo se realiza el hombre.[26]

El trabajo del niño, al estar constituido por acciones en relación con objetos reales del mundo exterior, puede estudiarse positivamente para buscar sus leyes y reconocer las vías de donde procede, para compararlo con la labor del adulto. Adulto y niño tienen ambos una actividad inmediata a expensas del ambiente, consciente y voluntaria, la cual debe considerarse propiamente como «trabajo». Pero además de esto, ambos tienen una finalidad en su trabajo que no es directamente consciente y voluntaria. No hay existencia vital, aunque se trate de seres vegetales, que no se desarrolle a expensas del ambiente. Esta frase no es propiamente exacta porque se refiere solamente a un juicio inmediato. Pero la misma vida es una energía del ambiente que tiende a mantener la creación y perfecciona y crea continuamente el ambiente que, de otro modo, se iría disgregando. Por ejemplo, los corales tienen como labor inmediata la de absorber el carbonato de calcio del agua del mar para construirse una capa envolvente y protectora, pero como finalidad, con relación al ambiente, la de crear nuevos continentes y como esta finalidad está muy alejada de la obra inmediata, puede investigarse tanto como sea posible los corales en estudios científicos, sin encontrar nunca el continente. Así puede repetirse en todos los seres vivientes, y sobre todo del hombre.

Una finalidad no inmediata, pero visible y cierta, se halla en el hecho de que cada ser adulto es producto de un ser infantil. Al estudiar todas las facetas del niño, o, mejor dicho, del ser infantil, se podrá investigar y conocer todo, desde el

---

26. Montessori, Maria, *Educazione alla libertà*, pp. 57-60.

átomo que constituye su materia, al detalle más ínfimo de cada función, pero nunca se encontrará al adulto en él.

Pero las dos finalidades lejanas del acto inmediato componen una labor a expensas del ambiente.

Quizá la naturaleza presenta en sus seres más simples pruebas que permiten vislumbrar algunos de sus secretos. Entre los insectos, por ejemplo, podemos citar dos verdaderas labores productoras: una es la seda, el hilo brillante con el que los hombres tejen sus más preciosas telas; otra es la tela de araña, el hilo sin consistencia y sucio que los hombres se apresuran a destruir. Pues bien, la seda es el producto de un ser infantil y la tela de araña el de un ser adulto: sin duda se trata de dos trabajadores. Cuando se habla, pues, del trabajo del niño, y se compara esta labor y la del adulto, se alude a dos tipos distintos de actividad con finalidades diversas, pero ambas reales.

Pero lo que importa conocer es el carácter del trabajo infantil. Cuando un niño pequeño trabaja no lo hace para alcanzar una finalidad externa. El objeto de su labor es trabajar; cuando, en la repetición de un ejercicio, pone fin a la actividad, este fin es independiente de los actos externos. En cuanto a los caracteres individuales, el final del trabajo no está relacionado con la fatiga, porque es característico del niño salir de su cansancio completamente vigorizado y lleno de energía.

Esto demuestra una de las diferencias entre las leyes naturales del trabajo en el niño y en el adulto: el niño no sigue la ley del mínimo esfuerzo, sino una ley contraria, pues aplica una cantidad enorme de energía a una labor sin finalidad y no solo emplea energía propulsiva, sino también energía potencial en la exacta ejecución de todos los detalles. El objeto y la acción externa son medios de importancia pasajera en todos los casos. Es impresionante esta relación entre el medio ambiente y el perfeccionamiento de la vida interior, porque según el adulto este es el concepto que forma la vida espiritual. El hombre que se encuentra en una esfera de sublimación no se preocupa de las cosas exteriores; solamente las usa en el momento oportuno, de modo perfecto y suficiente para el perfeccionamiento interior. Por el contrario, el hombre que se encuentra en la esfera ordinaria, mejor dicho, en su propia esfera, se entretiene en las cosas, en las finalidades externas, hasta el sacrificio, perdiendo el alma y la salud.

Otro carácter diferencial, claro e indudable entre el trabajo del adulto y el del niño, es que el de este no admite remuneración ni concesiones; es necesario que el niño cumpla por sí solo la labor de su crecimiento y que la efectúe por completo. Nadie podría asumir su esfuerzo ni crecer en su lugar. Tampoco sería posible que, para llegar a ser un joven de veinte años, el niño buscara la manera de emplear menos tiempo. Así pues, es propiedad característica del ser infantil que crece, la de seguir su programa y su horario, sin retrasos ni negligencia. La naturaleza es una maestra severa que castiga la más pequeña desobediencia, con lo que se llama «falta de desarrollo» o desviación funcional; es decir, enfermedad o anormalidad.

El niño posee un motor distinto del que tiene el adulto; el adulto actúa siempre por un cúmulo de motivos externos que exigen el mismo esfuerzo rígido, el sacrificio, el duro esfuerzo. Y para esta misión es preciso que el niño lo haya elaborado bien, lo que lo hará un hombre fuerte y robusto.

Por el contrario, el niño no se fatiga con el trabajo, se robustece; crece trabajando y por eso el trabajo aumenta sus energías.

Este nunca solicita ser relevado de su esfuerzo, siempre solicita efectuar su misión completamente solo. La labor de crecimiento es su propia vida. «Trabajar o morir».

Sin conocer este secreto, el adulto no puede comprender la labor del niño. Y en efecto, no la ha comprendido. Por eso le impide trabajar, suponiendo que el reposo es la situación más adecuada para su buen crecimiento. El adulto lo hace todo por el niño, porque se orienta según sus propias leyes naturales del trabajo: el mínimo esfuerzo y la economía del tiempo. El adulto que es más hábil y ya está completamente formado, se ocupa de vestir y lavar al niño, de transportarlo en sus brazos o en su cochecito, de ordenar el ambiente que le rodea sin permitir que participe en su ordenación.

Cuando se deja al niño un poco de espacio «con el mundo y en el tiempo», éste, como primera manifestación en su defensa, proclama: «Yo, quiero hacerlo yo». En el ambiente adaptado al niño preparado en nuestras escuelas, fue pronunciada por los mismos niños la frase que expresa esta necesidad interior: «Ayúdame a hacerlo solo».

¡Cuánta elocuencia en esta expresión contradictoria! El adulto ha de ayudar al niño, pero para que pueda actuar y efectuar sus trabajos eficaces en el mundo. Esta frase describe no solamente la necesidad del niño, sino también la calidad del ambiente: ha de tener a su alrededor un ambiente vital, no un ambiente inerte. Porque no es un ambiente que ha de conquistarse y gozarse, sino un ambiente que facilite el establecimiento de las funciones; es evidente que el ambiente ha de ser animado directamente por un ser superior, por el adulto inteligente y preparado para esta misión. Y en ello difiere este concepto, ya sea de aquel en que el adulto lo hace todo por el niño, ya sea de un ambiente pasivo, donde el adulto pueda abandonar al niño.

Por consiguiente, no basta con confeccionar objetos para el niño, de formas y dimensiones proporcionadas; es preciso preparar al adulto para que le auxilie.[27]

---

27. Montessori, Maria, *El niño. El secreto de la infancia*, pp. 194-196, edición de Kindle.

La vía de las manos

Laura Beltrami

El lenguaje común ofrece muchas imágenes que recuerdan al movimiento y a la mano. Decimos «captar un concepto», «lo has cogido al vuelo», «hay que tomar las riendas» de una situación o «necesitamos que nos echen una mano», una persona «nos tiene en sus manos», cuando tratamos un tema conocido decimos que «lo manejamos». Vale la pena analizar esta cuestión.

También para Montessori la mano es fundamental y, en los textos que aparecen a continuación, incluso más que en los anteriores, se captará su enfoque científico porque ella misma contará cómo ha llegado a cierta conclusión, cómo se dio cuenta de que había pasado por alto algunos aspectos, lo que la sorprendió en el camino de la investigación.

Sus reflexiones parten de lejos, del cambio de postura de los primeros homínidos que dedicaban «la extremidad superior a otras funciones que ya no son las del simple "desplazamiento en el espacio" sino que pasan a ser las de un órgano ejecutivo de la inteligencia». Las extremidades inferiores y las superiores tienen un destino diferente: los pies se usarán por todos más o menos del mismo modo, las manos, no. El desarrollo de la capacidad de la mano está relacionado con el desarrollo de la inteligencia. Montessori recuerda a las primeras civilizaciones y las huellas que han dejado, de las pinturas rupestres a las obras de arte, todos productos hechos con las manos.

Montessori nos repite que la mano «permite a la inteligencia no solo manifestarse sino también entrar en relación especial con el ambiente». La mano toma posesión del ambiente, el niño toca con sus pequeñas manos, primero casualmente cuando consigue agarrar un pequeño sonajero porque cierra la mano y se lo encuentra entre los dedos, después intencionalmente cuando su mirada se fija en el objeto y «estudia» cómo ocuparse de él hasta que lo consiga.

Con este tacto aprende y transforma el entorno que lo rodea. Por eso es tan importante, como hemos dicho, un ambiente en el que «existan motivos de actividad». Para Montessori, el movimiento empieza con la imitación de lo que el niño ha visto hacer, otra intuición que, como se ha recordado antes, está confirmada por las neuronas espejo. Montessori dice claramente que no es una imitación de loro, sino fruto de una observación almacenada.

«La mano toca la evidencia y la mente descubre el secreto» dice Montessori[28]. ¿Cómo? Si pensamos en los niños podemos afirmar que siempre tienen algo en la mano: un juego, la cremallera de una chaqueta, los cubiertos, los cabellos, un lápiz y demás. A menudo les pedimos que se queden quietos, que recojan, que mantengan la compostura. A veces es necesario, pero también puede ser difícil. ¿Qué están aprendiendo? ¿Para qué sirve todo ese trabajo? Los niños piensan con las manos, es como si su pensamiento hiciera gimnasia en el despliegue de

---

28. Montessori, Maria, *Psicogeometria*, Opera Nazionale Montessori, Roma, 2012, p. 50.

los dedos que cuentan cuánto suma 7+9. La mano ayuda al pensamiento y toda la propuesta de Montessori tiene en cuenta, como hemos recordado varias veces, la matriz sensorial del aprendizaje.

Algunos estudiosos han imaginado mediante la representación con una figura humana, el homúnculo, el mapa de la corteza somatosensorial del cerebro. Aparece desproporcionado: tiene unas manos enormes y una boca grande. Esto nos dice que, en la boca, pero sobre todo en las manos, tenemos muchísimos receptores cutáneos que ofrecen la posibilidad de discriminar un estímulo sensorial y táctil, y placas motrices que permiten un movimiento más fino. Tenemos más neuronas destinadas al control de la mano que del pie. ¿Casualidad? ¡Desde luego que no!

Como ya había intuido Montessori, los movimientos dan forma a la mente, el niño aprende haciendo, el movimiento, la motricidad, la sensorialidad sostienen el pensamiento.

Un ejemplo de este proceso detallado más adelante es lo que Montessori llama «el método de la escritura espontánea». Parece casi un contrasentido que en la espontaneidad haya método, pero no es así. Ese aterrizaje no era repentino en sus propósitos, sino fruto de una petición: madres analfabetas que pedían para sus hijos un destino diferente tras haberse dado cuenta de cuánto aprendizaje ya estaban teniendo en las primeras Casas de los Niños.

Leer y escribir son instrumentos de cultura, pero no actividades «naturales», como hablar. Montessori ya tiene mucha experiencia, ha trabajado con niños considerados «deficientes» en la época y ha obtenido grandes progresos, pero se cuestiona, propone y revisa su propuesta. «Observé que presentarles simplemente las letras individuales, un día tras otro, no les causaba una impresión duradera: pero cuando hice grabar las formas de las letras en madera, con surcos profundos y les enseñé a pasar la punta de los dedos por los surcos, aprendieron inmediatamente a reconocer todas las letras». Es el tacto lo que marca la diferencia, la sensación táctil, muscular unida a la visual, y el signo gráfico se fija más rápidamente. Los niños, cuenta, reconocen las letras porque las han tocado y visto, logran asociar el sonido al signo, forman las palabras. Montessori habla de una verdadera explosión de la escritura: niños que, una vez que empiezan, no quieren hacer otra cosa, incansablemente.

Nuestra científica sabe que el tacto debe estar preparado y acompañado. Explica cómo se hace el movimiento que reproduce la forma de la letra y el del «manejo del instrumento de la escritura», el mecanismo muscular que utilizamos para sostener la pluma. Esto también hay que entrenarlo, requiere coordinación y control de los dedos. No será un joystick lo que favorezca el desarrollo de esta motricidad fina, ni la presión del dedo índice en una pantalla para abrir una aplicación o guardar una foto. Es necesario sostener y reforzar la musculatura de la mano y favorecer un correcto agarre del bolígrafo entre los dedos índice, pulgar y corazón. ¿Cómo? Recuperando y sosteniendo actividades manuales diarias según sea necesario: amasar, usar el cuchillo, cortar con las tijeras, desenroscar una tapa, girar una peonza, atar los cordones, jugar con tacos, usar las pinzas para coger objetos pequeños como judías, colgar cosas con pinzas para la ropa, centrifugar la ensalada.

La vía maestra es la de las manos, es necesario recorrerla sin perder de vista lo que significa.

L.B.

Crecer es un trabajo manual

La personalidad es única e indivisible, y todas las actitudes mentales dependen de un solo centro. Ese es el secreto que nos ha revelado el niño pequeño, que cuando tenía la posibilidad de trabajar con las manos junto con la mente era capaz de superar todas las expectativas que teníamos para con él en todos los campos, incluso el intelectual y el abstracto. Los niños se sienten atraídos con fuerza hacia las materias abstractas cuando lo que los conduce a ellas es la actividad manual. Se sumergen en esferas del conocimiento que hasta ahora se juzgaban inaccesibles para ellos, como la gramática y la matemática. Me pregunto de dónde salió la teoría de que para trabajar con las manos se debe tener una mente inculta, ¡o de que una mente cultivada es sinónimo de la incapacidad de trabajar con las manos! ¿Acaso hay que clasificar a los hombres entre los que trabajan con la mente y los que lo hacen con las manos? ¿No sería mejor dejar que todos utilizaran la totalidad de su personalidad? ¿Qué lógica tiene decir que el desarrollo de un solo aspecto es beneficioso para la totalidad? Hoy por hoy, existe gente muy distinguida que ha consagrado su vida a la causa de la educación y que va a conferencias a debatir si hay que darle preferencia al método práctico o a una disciplina intelectual. Pero a nosotros, los propios niños nos han revelado que la disciplina no se logra sino a través de todo un proceso, en el que el funcionamiento de la mente se ve ayudado por la actividad manual. Dejemos que el todo funcione en conjunto y habrá disciplina, ¡y de ninguna otra manera! Tribus, comunidades y naciones son el resultado de la disciplina y la asociación espontáneas. Lo único que hay que tener en cuenta es el desarrollo humano en su totalidad; una vez alcanzado tal desarrollo, ya sea en un niño o una nación entera, todo lo demás fluirá de forma armoniosa y espontánea.[29]

Es curioso observar que las dos grandes etapas, consideradas por la fisiología como los exponentes del desarrollo normal del niño, se basan en el movimiento: la iniciación a la marcha y el lenguaje. La ciencia ha considerado estas dos funciones motrices como una especie de horóscopo donde puede leerse el porvenir del hombre. Estas dos manifestaciones señalan, en efecto, la primera victoria sobre sus instrumentos de expresión y de actividad. Si el lenguaje es una verdadera característica del hombre, pues es la expresión del pensamiento, la marcha es común a todos los animales.

Los animales, a diferencia de los vegetales, «desplazan sus cuerpos en el espacio», y cuando estos desplazamientos se hacen por medio de órganos especiales, como las articulaciones, entonces, andar es la característica fundamental. Pero, aunque en el hombre «el desplazamiento en el espacio» tiene el valor inapreciable de que puede invadir toda la tierra, la marcha no es el movimiento característico del ser inteligente.

El verdadero «carácter motor» ligado a la inteligencia es el movimiento de la mano al servicio de la inteligencia para

---

29. Montessori, Maria, *La educación de las potencialidades humanas*, pp. 180-193, edición de Kindle.

ejecutar trabajos. La presencia del hombre en las épocas pre-históricas viene revelada por las piedras desbastadas que constituyen su primer instrumento de trabajo, que demuestra una nueva vía en la historia biológica de los seres vivientes sobre la tierra. El lenguaje humano constituye un documento del pasado cuando ha sido registrado por un laborioso trabajo de su mano sobre la piedra. En las características de la morfología del cuerpo y en las funciones de traslación, se distingue la «libertad de la mano», es decir, la capacidad de poder dedicar los miembros superiores a otras funciones distintas del «desplazamiento en el espacio», y de este modo se convierten en órganos ejecutivos de la inteligencia. Así ocurre en las evoluciones de los seres vivos: el hombre adopta una postura nueva, lo que demuestra la unidad funcional de su personalidad psíquica con el movimiento.

La mano es un órgano elegante y complicadísimo de estructura, que permite las manifestaciones intelectuales y establece relaciones especiales con el ambiente: puede decirse que el hombre «toma posesión del ambiente con sus manos», lo transforma con la ayuda de su inteligencia y así cumple con su misión en el inmenso escenario del universo.

Sería lógico tomar en consideración (al querer examinar el desarrollo psíquico del niño) la iniciación de las dos expresiones de movimiento que podríamos llamar intelectuales: la aparición del lenguaje y el comienzo de la actividad de las manos que aspiran a realizar una labor.

Por un instinto subconsciente, el hombre ha dado importancia y ha reunido estas manifestaciones motrices de la inteligencia, estas dos «características» propias y exclusivas del género humano; pero lo ha efectuado únicamente con algunos símbolos ligados a la vida social del adulto. Por ejemplo, cuando un hombre y una mujer se unen en matrimonio, recitan unas palabras y unen las manos. Prometerse en matrimonio es comprometerse; pedir en matrimonio, es pedir la mano. Quien jura expresa unas palabras y hace un gesto con la mano. Hasta en los ritos, además de una expresión enérgica del ego, aparece la mano. Pilatos, para expresar que eludía toda clase de responsabilidad, repitió la frase ritual de lavarse las manos; y en efecto se lavó las manos materialmente delante de la multitud. El sacerdote católico, durante la misa, antes de entrar en el desarrollo de la parte más íntima de esa sagrada función, anuncia que se lavará las manos: «Lavaré mis manos entre los inocentes» y se las lava materialmente, aunque no solo se haya lavado las manos, sino que también las ha purificado antes de aproximarse al altar.

Todo ello demuestra que, en el subconsciente de la humanidad, la mano ha sentido las manifestaciones del ego interior. ¡Qué puede imaginarse más sagrado y maravilloso que el «movimiento humano» desarrollado en el niño! Ninguna manifestación debería acogerse con más solemne expectación.

El primer avance de esa mano pequeñísima hacia las cosas, el rasgo de aquel movimiento que representa el esfuerzo inmenso del ego para penetrar en el mundo, debería causar profundísima admiración en el adulto. Por el contrario, el hombre teme esas manos pequeñitas que se tienden hacia los objetos sin valor alguno y sin importancia que le rodean. El hombre se dedica a la defensa de los objetos contra el niño. Su afán es repetir constantemente: «no toques», como quien repite: «no te muevas, no hables».

Y con este afán se organiza, tras las tinieblas de su ser subconsciente, una defensa que busca auxilio en los demás hombres, como si tuviera que luchar a escondidas contra un poder que asaltara su bienestar y sus posesiones.

Todos comprenden que el niño para ver, para oír, es decir, para recoger del ambiente los elementos necesarios a sus primeras construcciones mentales, necesita que este exista. Pues bien, cuando ha de moverse de modo constructivo, usando sus manos para ejecutar una labor, necesita cosas externas que manejar; mejor dicho, necesita que en el ambiente existan «motivos de actividad». Pero en el ambiente familiar no se han considerado estas necesidades del niño. Por eso los objetos que le rodean son todos propiedad del adulto y destinados a su propio uso. Son objetos absolutamente prohibidos al niño. Una prohibición de tocar resuelve el problema vital del desarrollo infantil. Si el niño toca los objetos, es castigado y cae sobre él la condenación del adulto. Si el niño logra apoderarse de lo que tiene a mano, parece como un perro hambriento que encuentra un hueso en la casa y va a esconderse en cualquier rincón para nutrirse con ese manjar insuficiente para sus necesidades vitales.

El niño no se mueve al azar; construye las coordinaciones necesarias para organizar los movimientos guiados por su ego, que manda en su interior. El ego es el organizador y coordinador potente que está construyendo una unidad entre la personalidad psíquica naciente y los órganos de la expresión, al precio de continuos experimentos integrales. Es, pues, muy necesario que sea el niño en su espontaneidad quien siga los actos; pero este movimiento constructivo tiene caracteres especiales; no se trata de impulsos desordenados y advenedizos. No es correr y saltar, no es tampoco manejar los objetos caprichosamente, crear desorden a su alrededor o destruir las cosas; el movimiento constructivo se inspira en acciones que el niño ha visto ejecutar a su alrededor. Las acciones que intenta imitar son siempre las que se refieren al uso de cualquier objeto; el niño procura hacer con los mismos objetos, acciones semejantes a las que él ha visto realizar a los adultos. Por ello estas actividades van relacionadas con los usos de varios ambientes familiares y sociales. El niño querrá lavar y secar la vajilla o la ropa, beber agua o también lavarse, peinarse, vestirse, etc. Estos hechos universales se han denominado imitaciones y se expresan así: «que el niño hace lo que ve hacer». Pero esta interpretación no es exacta: difiere de la imitación inmediata que nos figuramos al pensar en los monos. Los movimientos constructivos del niño nacen de un cuadro psíquico construido sobre un conocimiento. La vida psíquica debe ser directiva, y por ello tiene siempre un carácter de preexistencia sobre los movimientos que se relacionan con aquella; cuando el niño quiere moverse, sabe primeramente lo que va a hacer y quiere hacer una cosa conocida, que ha visto ejecutar. Lo mismo podemos decir sobre el desarrollo del lenguaje. El niño asimila el lenguaje que hablan a su alrededor y cuando articula una palabra, la dice porque la ha registrado al oírla y ha quedado grabada en su memoria. Pero la usa según sus propias necesidades del momento.

Este conocimiento y uso de la palabra oída a su alrededor no es la imitación de un papagayo hablador. No se trata de una imitación inmediata, sino de una observación registrada o de un conocimiento adquirido. La ejecución es un acto distinto; esta diferencia es muy importante, porque nos hace comprender una vertiente de las relaciones entre el adulto y el niño y nos hace comprender más íntimamente la actividad infantil. [30]

El desarrollo mecánico del movimiento, por su complejidad y el valor de cada una de sus partes, y por ser completamente

---

30. Montessori, Maria, *El niño. El secreto de la infancia*, pp. 90-92, edición de Kindle.

visible en sus fases sucesivas, se presta a ser estudiado en el niño con sumo interés.

En la figura 1 (páginas 116 y 117), el desarrollo del movimiento está representado por dos líneas con triángulos superpuestos. Las líneas corresponden a diferentes formas de movimiento; los triángulos indican los semestres, y los números dentro de círculos, los años. La línea inferior representa el desarrollo de la mano, y la superior, el del equilibrio y el movimiento; por tanto, el diagrama determina el desarrollo de los cuatro miembros considerados de dos en dos.

En todos los animales, el movimiento de los cuatro miembros se desarrolla de modo uniforme, mientras que, en el hombre, un par de miembros se desarrolla de modo distinto del otro, y esto muestra claramente su distinta función: una, la función de las piernas; la otra, la de los brazos. Es evidente que el desarrollo de la marcha y el equilibrio es tan fijo en todos los hombres que puede considerarse un hecho biológico. Podemos decir que, una vez nacido, el hombre andará y que todos los hombres utilizarán exactamente del mismo modo sus pies, mientras que, en cambio, no sabemos qué hará cada hombre con sus manos. Ignoramos qué actividad particular desarrollarán las manos del recién nacido, tanto ahora como en el pasado. La función de las manos no es fija. Por tanto, los tipos de movimiento tienen un significado distinto según consideremos las manos o los pies.

Es cierto que la función de los pies es biológica; sin embargo, se halla en conexión con un desarrollo interno del cerebro. Por otra parte, solo el hombre anda sobre dos piernas, mientras que todos los demás mamíferos andan sobre cuatro. Una vez el hombre ha llegado a poder andar sobre dos miembros, continúa del mismo modo y se mantiene en el difícil estado de equilibrio vertical. Este equilibrio no es fácil de conseguir, al contrario, supone una verdadera conquista: obliga al hombre a apoyar todo el pie sobre el terreno, mientras que la mayor parte de los animales caminan sobre la punta de los pies, porque al usar cuatro patas les basta un pequeño punto de apoyo. El pie utilizado para andar puede estudiarse desde un punto de vista fisiológico, biológico o anatómico; interesa bajo estos tres aspectos.

Si la mano no tiene esta guía biológica, por cuanto sus movimientos no están preestablecidos, ¿por qué está guiada? Si no tiene relación con la biología y la fisiología, deberá existir una dependencia psíquica. Por tanto, la mano depende para su desarrollo de la psique y no solo de la psique del ego individual, sino también de la vida psíquica de las distintas épocas. El desarrollo de la habilidad de la mano se halla ligado en el hombre al desarrollo de la inteligencia y, si consideramos la historia, al desarrollo de la civilización. Podemos decir que cuando el hombre piensa, piensa y actúa con las manos, y dejó huellas del trabajo hecho con sus manos casi inmediatamente después de su aparición sobre la tierra. En las grandes civilizaciones de épocas pasadas, siempre ha habido ejemplos de trabajo manual. En la India podemos encontrar trabajos manuales tan refinados que es imposible imitarlos; y del antiguo Egipto existen pruebas de trabajos admirables, mientras que las civilizaciones con un nivel menos refinado solo han dejado ejemplos más toscos.

El desarrollo de la habilidad de la mano es paralelo al desarrollo de la inteligencia. En efecto, el trabajo manual refinado requiere la guía y la atención del intelecto. En la Edad Media, en Europa hubo una época de gran despertar intelectual, y en ese período se escribieron textos que reproducían nuevos pensamientos. Incluso la vida espiritual, que parece tan alejada de la tierra y de las cosas terrenales, tuvo una época de esplendor, y podemos admirar los milagros de trabajos en los templos, que reunían a los hombres en adoración y que surgieron en los lugares donde existía vida espiritual.

San Francisco de Asís, cuyo espíritu fue quizás el más sencillo y puro que haya existido jamás, dijo una vez: «¿Veis estas montañas? Estos son nuestros templos y en ellos debemos inspirarnos». Sin embargo, el día que fueron invitados a construir una iglesia, tanto él como sus hermanos espirituales, como eran pobres, se sirvieron de las toscas piedras de que disponían y todos aportaron para construir la capilla. ¿Y por qué? Porque si existe un espíritu libre debe materializarse en cualquier trabajo y deben usarse las manos. Las huellas de las manos del hombre se hallan por doquier, y a través de ellas podemos reconocer el espíritu del hombre y el pensamiento de su tiempo.

Si nos transportamos mentalmente hacia la oscuridad de los tiempos remotísimos, de los cuales ni siquiera quedan restos óseos del hombre, ¿qué nos puede ayudar a conocer e imaginar los pueblos de entonces? Las obras de arte. Al considerar esas épocas prehistóricas, aparece un tipo de civilización primitiva basada en la fuerza: los monumentos y las obras de los hombres de aquel tiempo están constituidos por enormes masas de piedra, y nos preguntamos estupefactos cómo consiguieron construirlos. En otros lugares, obras de arte más refinadas nos muestran el trabajo de hombres con un nivel de civilización indudablemente superior. Por consiguiente, podemos decir que la mano ha seguido a la inteligencia, a la espiritualidad y al sentimiento, y que la huella de su trabajo ha transmitido las pruebas de la presencia del hombre. Incluso sin considerar las cosas desde un punto de vista psicológico, observamos que todos los cambios sobrevenidos en el ambiente del hombre se debieron a su mano. En realidad, se diría que la finalidad de la inteligencia es el trabajo de las manos, porque si el hombre solo hubiese ideado el lenguaje hablado para comunicarse con sus semejantes y su sabiduría solo se hubiera expresado en palabras, no habría quedado ninguna huella de las estirpes humanas que nos han precedido. Gracias a las manos que han acompañado a la inteligencia se ha creado la civilización; la mano es el órgano de este inmenso tesoro de que está dotado el hombre.

Las manos se hallan conectadas con la vida psíquica. En efecto, los que estudian la mano demuestran que la historia del hombre queda impresa en ella y que es un órgano psíquico. El estudio del desarrollo psíquico del niño se halla íntimamente conectado con el estudio del movimiento de la mano. Esto nos demuestra claramente que el desarrollo del niño se halla ligado a la mano, que manifiesta su estímulo psíquico. Podemos expresarnos así: la inteligencia del niño alcanza cierto nivel sin hacer uso de la mano; con la actividad manual alcanza un nivel más elevado, y el niño que se ha servido de sus manos tiene un carácter más fuerte. Así, el desarrollo del carácter, que parece un hecho típicamente psíquico, permanece rudimentario si el niño no tiene la posibilidad de ejercitarse sobre el ambiente (para lo cual sirve la mano). Mi experiencia me ha demostrado que si, por condiciones particulares del ambiente, el niño no puede hacer uso de su mano, su carácter no rebasa un nivel muy bajo, es incapaz de obedecer, de tener iniciativas, y es perezoso y triste; mientras que el niño que ha podido trabajar con sus propias manos muestra un desarrollo sobresaliente y fuerza de carácter. Este hecho nos recuerda un momento interesante de la civilización egipcia, cuando el trabajo manual se hallaba presente en todas partes, en el campo del arte, de la arquitectura y de la religión; si leemos las inscripciones de las tumbas de aquella época, constatamos que la mayor alabanza que podía hacerse a un hombre era declararlo un hombre de carácter. El desarrollo del carácter era muy importante para este pueblo, que había ejecutado trabajos colosales con las manos. Es un ejemplo que demuestra una vez más cómo el movimiento de la mano sigue, a través de la historia, al desarrollo del carácter y de la civilización, y cómo la mano se halla ligada a la individualidad. Por otra parte, si observamos cómo andaban todos esos pueblos, naturalmente siempre encontramos que lo hacían sobre dos piernas, erguidos y en equilibrio; probablemente danzaban y corrían de modo algo distinto que nosotros, pero siempre usaban las dos piernas para la locomoción ordinaria.

El desarrollo del movimiento, por tanto, es doble: en parte ligado a leyes biológicas, y en parte conectado con la vida interior, por cuanto siempre se halla ligado al uso de los músculos. Al estudiar al niño, tenemos dos desarrollos: el desarrollo de la mano, y el del equilibrio y del andar. En la figura 1 (páginas 116 y 117) vemos que a la edad de solo un año y medio se establece una relación entre ambos: es decir, cuando el niño desea transportar objetos pesados y sus piernas deben ayudarlo. Los pies, que pueden caminar y transportar al hombre en las distintas partes de la tierra, lo conducen allí donde puede trabajar con sus manos. El hombre camina grandes distancias y poco a poco va ocupando la superficie terrestre; y mientras procede a esta conquista del espacio, vive y muere, pero deja tras él, como huella de su paso, el trabajo de sus manos.

Estudiando el lenguaje hemos visto que la palabra se halla ligada precisamente al oído, mientras que el desarrollo del movimiento se halla ligado a la vista, puesto que los ojos son necesarios para ver dónde ponemos los pies, y cuando trabajamos con las manos debemos ver qué hacemos. Estos son los dos sentidos más ligados al desarrollo: oído y vista. En el desarrollo del niño se despierta, ante todo, la observación de todo lo que lo rodea, porque debe conocer el ambiente en que deberá moverse. La observación precede al movimiento, y cuando el niño empieza a moverse, se orientará en base a esta observación; orientación en el ambiente y movimiento se hallan ligados al desarrollo psíquico. Esta es la razón por la que el recién nacido primero es inmóvil, y cuando se mueve sigue la guía de su propia psique.

La primera manifestación del movimiento es la de agarrar o coger; apenas el niño toma algún objeto, su conciencia presta atención a la mano que ha sido capaz de hacerlo.

Este acto, que primero era inconsciente, se convierte en consciente; y como vemos, en el campo del movimiento, lo que llama la atención de la conciencia no es el pie, sino la mano. Cuando ocurre esto, se desarrolla rápidamente el acto de coger y de instintivo pasa, a los seis meses de edad, a intencional. A los diez meses la observación del ambiente ha despertado y atraído el interés del niño, que desea apoderarse de él. El acto intencional de coger, impulsado por el deseo, deja de ser un acto de simple aprehensión y entonces se inicia el verdadero ejercicio de la mano, expresado sobre todo con el desplazamiento y el movimiento de objetos.

En posesión de una clara visión del ambiente y movido por deseos, el niño empieza a actuar: antes de que cumpla un año, su mano se ocupa en diversas actividades que representan —podría decirse— otros tantos tipos de trabajo: abrir y cerrar ventanas, cajas y similares; poner tapones en las botellas; sacar objetos de un recipiente y volverlos a poner dentro, etc. Con estos ejercicios se desarrolla una habilidad siempre mayor.

¿Qué ha ocurrido mientras tanto con los otros dos miembros?

Aquí no han intervenido ni la conciencia ni la inteligencia; en cambio, ha ocurrido algo de tipo anatómico en el rápido desarrollo del cerebelo, el rector del equilibrio.

Es como una campanilla que llamara a un cuerpo inerte y lo indujera a levantarse y ponerse en equilibrio. Aquí el ambiente no tiene qué hacer, el que lo ordena todo es el cerebelo; y el niño, con esfuerzo y ayuda, se sienta y luego se pone de pie.

Los psicólogos dicen que el hombre se levanta en cuatro tiempos: primero para sentarse; luego gira sobre el vientre y gatea, y si durante esta fase se le ayuda ofreciéndole dos dedos para sostenerse, mueve los pies uno delante del otro, pero apoyando solo las puntas. Finalmente se aguanta solo, pero entonces con todo el pie apoyado sobre el terreno, y de ese modo ha alcanzado la postura vertical normal del hombre y puede andar apoyándose en algo (por ejemplo, el vestido de la madre). Poco después, ya anda solo.

Todo este proceso solo se debe a una maduración interna. La tendencia sería decir: «Adiós, tengo mis piernas y me voy». Se ha alcanzado otro estado de la independencia, porque la adquisición de la independencia consiste al principio en poder actuar por sí mismo. La filosofía de estos sucesivos grados de desarrollo nos dice que la independencia del hombre se alcanza con el esfuerzo. Independencia es ser capaces de hacerlo todo por sí mismos, sin la ayuda de otros. Si hay independencia, el niño progresa rápidamente; si no, el progreso es muy lento. Teniendo presente este hecho, sabemos cómo comportarnos con el niño y tenemos una orientación muy útil: del mismo modo que debemos ayudarlo cuando lo precisa, no debemos ayudarlo cuando esta ayuda no le resulta necesaria.

El niño capaz de andar solo debe caminar solo porque esto refuerza cualquier otro desarrollo y el ejercicio fija cada nueva adquisición. Si aún se lleva en brazos a un niño a los tres años, como se ve a menudo, no se ayuda a su desarrollo, sino que se obstaculiza. Apenas el niño ha adquirido la independencia de las funciones, el adulto que quiere ayudarlo se convierte en un obstáculo para él.

Por eso no debemos llevar en brazos al niño, sino dejar que ande, y si su mano quiere trabajar, debemos proporcionarle la posibilidad de explicar una actividad inteligente. Las propias acciones conducen al niño por el camino de la independencia.

Se ha observado que a la edad de un año y medio hay un factor muy importante y evidente tanto en el desarrollo de las manos como en el de los pies: este factor es la fuerza. El niño, que ha adquirido agilidad y habilidad, se siente un hombre fuerte. Su primer impulso al hacer algo no solo es ejercitarse, sino, al hacerlo, realizar el máximo esfuerzo (o sea, al contrario que el adulto). Aquí la naturaleza parece prevenir: «Tenéis la posibilidad y la agilidad del movimiento; por tanto, tenéis que haceros fuertes, de lo contrario todo es inútil». Y en este punto es donde se establece la relación entre las manos y el equilibrio. Entonces el niño, en vez de andar simplemente, da larguísimos paseos y lleva pesadas cargas. En efecto, el hombre no solo está destinado a andar, sino también a transportar su carga. La mano que ha aprendido a agarrar debe ejercitarse en sostener y transportar pesos. Así, vemos al niño de un año y medio que, abrazado a un cántaro de agua, lo dirige y regula su propio equilibrio caminando lentamente. También hay una tendencia a infringir las leyes de la gravedad y a superarlas: al niño le gusta trepar, y para hacerlo debe agarrarse a algo con la mano y hacer fuerza. Ya no se trata de aferrar por posesión, sino de aferrar con el deseo de subir. Es un ejercicio de fuerza, y hay todo un período dedicado a este tipo de ejercicios. También aquí aparece la lógica de la naturaleza, porque el hombre debe ejercer su propia fuerza. Luego el niño, capaz de andar y seguro de su propia fuerza, observa las acciones de los hombres que se hallan a su alrededor y quiere imitarlas. En este período, el niño imita las acciones de los que lo rodean no porque alguien se lo diga, sino por una necesidad íntima. Esta imitación solo se observa si el niño es libre de actuar. Por consiguiente, esta es la lógica de la naturaleza:

1. Hacerle adquirir la posición erguida.
2. Hacerle caminar y adquirir fuerza.
3. Hacerle participar en las acciones de las personas que lo rodean.

La preparación en el tiempo precede a la acción. Primero el niño debe prepararse a sí mismo y sus instrumentos, luego debe adquirir fuerzas, observar a los demás y finalmente empezar a hacer algo. La naturaleza lo impulsa y le sugiere ejercitarse con gimnasia, trepar a las sillas y a las escaleras. Entonces empieza la fase en que quiere hacer las cosas él solo. «Me he preparado y ahora quiero ser libre». Ningún psicólogo ha considerado suficientemente el hecho de que el niño se convierte en un gran caminante y que tiene necesidad de largos paseos. En general, o lo llevamos en brazos o lo ponemos en un cochecito.

Según nosotros, no puede andar, por eso lo llevamos en brazos; no puede trabajar, por eso trabajamos por él: ya en el umbral de la vida, le creamos un complejo de inferioridad.[31]

---

31. Montessori, Maria, *La mente absorbente del niño*, pp. 2324 - 2443, edición de Kindle.

DESARROLLO DEL MOVIMIENTO

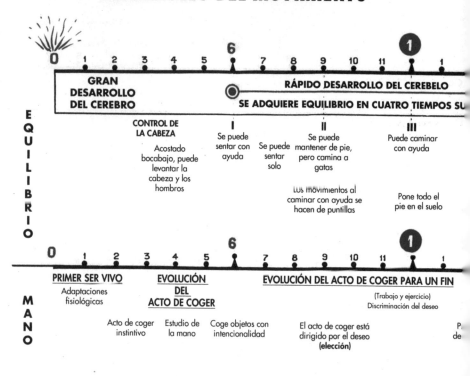

Figura 1. Representación del desarrollo del movimiento

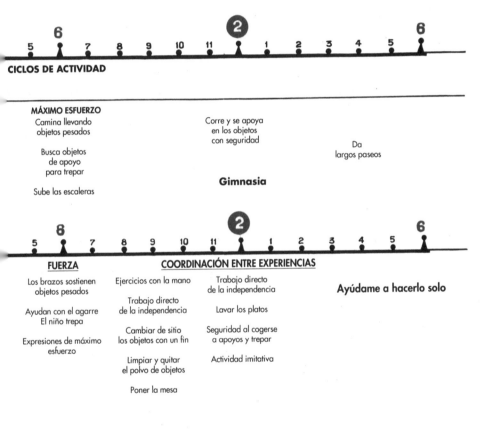

6

5   7   8   9   10   11   **2**   1   2   3   4   5   **6**

CICLOS DE ACTIVIDAD

MÁXIMO ESFUERZO

Camina llevando objetos pesados	Corre y se apoya en los objetos con seguridad	
Busca objetos de apoyo para trepar		Da largos paseos
Sube las escaleras	**Gimnasia**	

8

5   7   8   9   10   11   **2**   1   2   3   4   5   **6**

FUERZA   **COORDINACIÓN ENTRE EXPERIENCIAS**

FUERZA	COORDINACIÓN ENTRE EXPERIENCIAS		
Los brazos sostienen objetos pesados	Ejercicios con la mano	Trabajo directo de la independencia	**Ayúdame a hacerlo solo**
Ayudan con el agarre El niño trepa	Trabajo directo de la independencia	Lavar los platos	
Expresiones de máximo esfuerzo	Cambiar de sitio los objetos con un fin	Seguridad al cogerse a apoyos y trepar	
	Limpiar y quitar el polvo de objetos	Actividad imitativa	
	Poner la mesa		

Mientras que en el resto de los animales los movimientos de las cuatro extremidades se desarrollan al mismo tiempo, el hombre es la única especie cuyas piernas tienen una función completamente distinta de la de los brazos, y su desarrollo es diferente. Cabe mencionar que el equilibrio y la habilidad para caminar son capacidades fijas que se encuentran en todas las personas, así que se podría decir que vienen dadas biológicamente. Todos hacen lo mismo con los pies, pero no con las manos, cuyo espectro de actividades sería imposible de delimitar. Si bien los pies tienen una función biológica, a esta le sigue el desarrollo interno del cerebro, con el resultado de que el hombre camina sobre dos piernas y los demás mamíferos usan las cuatro extremidades. Una vez el hombre ha perfeccionado el arte de caminar sobre dos piernas, es capaz de mantenerse erguido y en equilibrio, pero esto no ha sido fácil, fue toda una conquista, para la que tuvo que aprender a apoyar los pies planos en el suelo y no solo las puntas, como hacen los animales. Evidentemente, las manos no cuentan con esta orientación biológica, pues sus movimientos son totalmente variables, pero están relacionadas con la psicología y su desarrollo no solo depende de la mente del individuo, sino también de la vida psíquica de las distintas razas y de las épocas de la evolución humana. El hombre tiene la característica de pensar y actuar con las manos, y desde tiempos inmemoriales ha dejado huellas de su obra, que fue tosca o refinada según la civilización de que se tratara. Para saber cómo era la gente y la vida en ese pasado remoto del que ni siquiera quedan huesos, tenemos que estudiar las obras de arte; unas civilizaciones se basaban en la fuerza y han dejado tras de sí enormes e imponentes moles de piedra, mientras otras se nos revelan como culturas más refinadas. La mano acompaña la inteligencia, las emociones y los estados de ánimo, y ha dejado rastros de todo lo que fue quedando tras las peripecias del hombre. Si nos apartamos por un momento del punto de vista psicológico, la autora de todos los cambios que hubo en el ambiente es la mano del hombre. Si se edificó la civilización fue porque la mano siempre acompañó su inteligencia; entonces, no sería erróneo afirmar que la mano es el órgano de expresión de ese inmenso tesoro que le ha sido dado.

Es más, la legendaria práctica de la quiromancia se basa en el reconocimiento de la mano como órgano psíquico; los quirománticos afirman que toda la historia de la humanidad está escrita en la palma de la mano. De ahí que el estudio de la evolución psíquica del niño debe estar estrechamente ligado al de la evolución de la mano. Claro que, hasta cierto punto, la inteligencia del niño se desarrolla sin el uso de las manos, pero, cuando las utiliza, alcanza un grado aún mayor; además, es un hecho que el niño que ha utilizado las manos desarrolla un carácter más fuerte. Si las circunstancias le impiden usar las manos, tendrá poco carácter, carecerá de iniciativa, no sabrá obedecer, y pasará todo el tiempo triste y sin ganas de hacer nada; en cambio, el niño que tiene la posibilidad de trabajar con las manos mostrará un carácter firme. Un detalle interesante acerca de la civilización egipcia es que en la época en la que el trabajo manual alcanzó su máximo esplendor en materia de arte, fuerza y religión, lo más halagador que se podía escribir en la tumba de una persona era que el difunto había sido un hombre de carácter.

Cuando se estudió el lenguaje, quedó bien claro que el habla se relaciona especialmente con la capacidad de escuchar; de forma análoga, el desarrollo del movimiento está conectado con la vista. El primer paso en el proceso del movimiento es la captura o prensión; cuando la mano toma algo, inmediatamente llama a la conciencia en su auxilio, y se genera la prensión; lo que al principio fue un acto instintivo, ahora es un movimiento consciente. A los seis meses, el movimiento es totalmente intencional. A los diez, el niño se ha empezado a interesar en la observación del medio y lo quiere agarrar todo, es decir que la prensión viene acompañada por el deseo. Para empezar a ejercitar la mano, cambia las cosas de sitio, abre y cierra puertas, abre cajones, pone el tapón a las botellas, y así sucesivamente. Con estos ejercicios va adquiriendo habilidad. En esta etapa no se ha acudido a la conciencia ni a la inteligencia para que orienten a las otras extremidades, aunque hay un rápido desarrollo del cerebelo, el encargado de asegurar el equilibrio. En este caso, el medio no tiene ninguna participación; el cerebelo ordena y el niño, con esfuerzo y ayuda, se sienta y se levanta solo. Al principio, el bebé se pone bocabajo y empieza a gatear y, si en esta etapa viene un adulto y le ofrece la mano para que se ayude y se pueda poner de pie, el niño pondrá un pie delante de otro e intentará hacerlo, apoyado solo en las puntas. Cuando por fin aprende a ponerse de pie sin ayuda, lo hace con todo el pie sobre el suelo, y se sujeta de las faldas de la madre para poder caminar; al poco tiempo caminará por sus propios medios y se complacerá de este nuevo logro que lo lleva hacia su independencia. En este momento, todo intento de los adultos de ayudar al niño se convierte en un obstáculo en el camino de su desarrollo. No hay que ayudarlo a caminar, y si quiere trabajar con las manos, tenemos que proporcionarle motivos para que se mantenga activo y dejarlo que proceda en busca de mayores conquistas rumbo a su independencia.

Una característica importante y notoria de los niños de un año y medio es la fuerza que tienen en las manos y los pies y la consiguiente necesidad que sienten de hacer cualquier cosa en la que puedan esforzarse al máximo. Hasta ese momento, el sentido del equilibrio se ha desarrollado por separado de la habilidad para usar las manos, pero en esa etapa ambos se ponen en contacto, y al niño le gusta caminar con algún peso encima, el cual casi nunca guarda proporción con su propio tamaño. La mano, que ya ha aprendido a sujetar cosas, ahora debe entrenarse para cargar objetos pesados. Por lo que a veces se encuentra a niños de esta edad caminando despacio y haciendo equilibrios con una enorme jarra de agua en la mano. También manifiestan una tendencia a desafiar la ley de la gravedad: no se conforman con caminar, tienen que trepar sujetándose a cualquier cosa. Luego llega el período imitativo, en el que el niño que tenga total libertad para actuar copiará con mucho entusiasmo todo lo que hagan los adultos a su alrededor. Así queda a la vista la lógica del desarrollo natural: primero el niño prepara sus instrumentos, manos y pies, luego se ejercita y fortalece, y por último mira lo que hacen los demás y los imita, lo que lo prepara para la vida y la libertad.

En esta etapa de su actividad, el niño es un gran caminante que necesita recorrer grandes distancias a pie, pero los adultos insisten en alzarlo o llevarlo en el cochecito y el pobre niño se tiene que imaginar que está caminando. No puede caminar, lo llevan; no puede trabajar, ¡trabajan por él! Aún está en el umbral de la vida y los adultos ya le inculcamos un complejo de inferioridad.[32]

Las leyes naturales del desarrollo estimulan a los niños de esta edad a realizar experiencias con el ambiente mediante el uso de las manos, y no solo con fines prácticos, sino también culturales.

---

32. Montessori, Maria, *Educar para un nuevo mundo*, pp. 41-43, edición de Kindle.

Dejado en el nuevo ambiente, los vemos manifestar características y capacidades distintas de las comúnmente observadas. No solo se muestran más contentos, sino también llenos de interés por sus ocupaciones hasta convertirse en «trabajadores» infatigables. Gracias a estas experiencias, su mente parece dilatarse y estar ávida de saber.

Así ocurre en la «explosión» de la escritura, y este fue el primer fenómeno que atrajo la atención sobre esta desconocida vida psíquica del niño.

Pero la explosión de la escritura solo era el humo que sale de la pipa: la verdadera explosión era la de la personalidad del niño. Podría compararse con una montaña, que parece sólida y eternamente igual, pero que contiene un fuego oculto: un buen día se oye un estallido y, a través de la pesada masa, flamea el fuego; de esta explosión de fuego, humo y sustancias desconocidas, los expertos podrán deducir lo que contiene la tierra.

Pero las manifestaciones psíquicas de que espontáneamente daba muestras el niño dejado en un ambiente de vida real, con objetos proporcionados a su tamaño, fueron a la vez claras y sorprendentes. Y al seguirlas e intentar ayudarlo e interpretarlo, se construyó nuestro método de educación.

La manifestación de nuevos caracteres no fue la obra de un método en el sentido que se entiende comúnmente, sino el resultado de condiciones del ambiente que apartaban obstáculos y ofrecían medios de actividad de libre elección. Y el método se construyó y elaboró según las pautas dictadas por los fenómenos progresivos de los niños. [33]

---

33. Montessori, Maria, *La mente absorbente del niño*, pp. 2624-2639, edición de Kindle.

La gran aventura de la lectura y la escritura

Una vez vino a verme una delegación de dos o tres madres que me pidieron que enseñara a leer y escribir a sus hijos. Esas madres eran analfabetas. Y en vista de que yo me resistía (pues era una empresa ajena a mí), insistieron con vehemencia.

Entonces me encontré con las mayores sorpresas. Comencé por enseñar a los niños de cuatro a cinco años algunas letras del alfabeto, que hice recortar en papel de lija para hacerlas tocar con las yemas de los dedos en el sentido de la escritura; seguidamente reuní sobre una mesa las letras de formas semejantes para que los movimientos de la mano pequeñita que debía tocarlas fueran lo más uniformes posible. La maestra estaba gozosa de ejecutar este trabajo y se preocupó mucho de aquella iniciación primordial.

Nos sorprendió el entusiasmo de aquellos pequeños, que organizaron procesiones llevando en alto como si fueran estandartes los cartones recortados del alfabeto y gritando de alegría. ¿Por qué?

Cierto día sorprendí a un niño que se paseaba solo diciendo: «Para escribir Sofía, se necesita, S, O, F, I, A», y repetía los sonidos que componían la palabra. Estaba haciendo un trabajo, analizando las palabras que tenía en la cabeza, buscando los sonidos que las componían. Hacía esta labor con la pasión que despliega un explorador en el camino de un descubrimiento sensacional; comprendía que aquellos sonidos correspondían a las letras del alfabeto. En efecto, ¿qué es la escritura alfabética, sino la correspondencia entre un signo y un sonido? El lenguaje escrito no es más que la traducción literal del lenguaje hablado. Toda la importancia del progreso de la escritura alfabética reside en este punto de coincidencia, en que los dos lenguajes se desarrollan paralelamente. Y en su iniciación, el lenguaje escrito cae del otro, como en gotitas dispersas, destacadas, que forman conjuntamente un curso de agua independiente, o sea las palabras y el razonamiento.

Es un verdadero secreto, una llama que, una vez descubierta, aumenta una riqueza adquirida; permite a la mano apoderarse de un trabajo vital, casi inconsciente como el lenguaje hablado, creando otro lenguaje, que lo refleja en todas sus particularidades. Participa la mente y también la mano.

Entonces la mano puede ejercer un impulso y de estas gotas, hacer caer una catarata. Todo el lenguaje puede derrumbarse, porque un curso de agua, una catarata, no es más que una reunión de gotas.

Una vez establecido un alfabeto, el lenguaje escrito debe derivarse lógicamente de él, como una consecuencia natural. Para ello es preciso que la mano sepa trazar los signos correspondientes. Pero los signos alfabéticos no son más que símbolos; no representan imagen alguna y por consiguiente son fáciles de trazar. Yo no había reflexionado en todo esto cuando, en la Casa de los Niños, se produjo el suceso más importante.

Un día un niño comenzó a escribir. Tuvo una sorpresa tan grande que se puso a gritar con todas sus fuerzas: «¡He escrito; he escrito!» Sus compañeros se agruparon a su alrededor, interesados, contemplando las palabras que su compañero había trazado sobre el pavimento con tiza. «¡Yo también, yo también!», gritaron los demás dispersándose. Fueron a buscar medios para escribir: algunos se agruparon alrededor de una pizarra, otros se echaron sobre el suelo y así comenzó a desarrollarse el lenguaje escrito como una explosión.

Aquella actividad insaciable podía compararse a una catarata. Los niños escribían por doquier, sobre las puertas, en las paredes y hasta en su casa sobre la corteza del pan. Tenían cerca de cuatro años. La iniciación a la escritura había sido un hecho imprevisto. La maestra me decía, por ejemplo: «Este niño comenzó a escribir ayer a las tres».

Nos encontrábamos verdaderamente ante un milagro. Pero cuando nosotros presentábamos libros a los niños (y muchas personas que se enteraron del éxito de la escuela regalaron libros ilustrados muy hermosos), los acogían con frialdad: los consideraban como objetos que contenían hermosas imágenes, pero que no les distraían de esta cosa apasionante que es la escritura. Por supuesto, estos niños nunca habían visto libros y durante algún tiempo procuramos llamar su atención sobre ellos, pero no fue posible hacerles comprender lo que era la lectura. Los libros fueron, pues, almacenados en el armario, a la espera de mejores tiempos. Los niños leían la escritura a mano, pero raramente se interesaban por lo que escribían los demás. Se habría podido pensar que no sabían leer aquellas palabras. Y cuando yo leía en voz alta las últimas palabras escritas, muchos niños me miraban sorprendidos, como preguntándome: «¿Cómo puede saberlo?».

Fue cerca de seis meses más tarde cuando comenzaron a comprender lo que era la lectura y la asociaron a la escritura. Los niños debían seguir con la mirada mi mano que trazaba signos sobre un papel blanco: entonces tuvieron la idea de que yo les transmitía mis pensamientos como si les hablara.

Desde que tuvieron aquella sensación con claridad, comenzaron a coger los trozos de papel sobre los que había escrito para intentar leerlos en un rincón de la clase, y lo intentaban mentalmente sin pronunciar sonido alguno. Nos percatábamos de que lo habían comprendido cuando una ligera sonrisa venía a iluminar su rostro contraído por el esfuerzo, o cuando daban un pequeño salto como si les moviera un resorte oculto; entonces se ponían en acción, porque cada una de mis frases era una «orden», como yo hubiera podido darla de viva voz: «Abre la ventana», «Ven a mi lado», etc., y así se inició la lectura. Se fue desarrollando sucesivamente, hasta leer frases largas que ordenaban acciones complejas. Parecía que los niños consideraban el lenguaje escrito simplemente otra manera de expresarse, que se transmitía como el lenguaje hablado, de persona a persona. Cuando recibíamos alguna visita, muchos de los niños que anteriormente se excedían en cumplidos, permanecían silenciosos. Se levantaban y escribían sobre la pizarra: «Sentaos», «Gracias por vuestra visita», etc. Un día se habló de una catástrofe ocurrida en Sicilia, donde un terremoto había destruido por completo la ciudad de Mesina y había causado centenares de miles de víctimas. Un niño de cinco años se levantó y fue a escribir a la pizarra. Empezaba así: «Siento…». Nosotros seguimos interesados aquella manifestación, suponiendo que deseaba lamentar la catástrofe; pero escribió: «Siento… ser tan pequeño…». ¿Qué reflexión curiosa y egoísta era aquella? Pero el niño siguió escribiendo: «Si fuera mayor, iría a ayudarlos». Había trazado una pequeña composición literaria, que demostraba al mismo tiempo su buen corazón. Era hijo de una mujer que, para vivir, vendía verduras por la calle.

Más tarde se produjo un hecho muy sorprendente. Mientras estábamos preparando material adecuado para enseñar el alfabeto impreso a los niños e intentar de nuevo la prueba de los libros, los niños comenzaron a leer todos los impresos que encontraban en la escuela; había frases verdaderamente difíciles de descifrar, algunas hasta escritas en caracteres góticos sobre un calendario. En aquel entonces, algunos padres nos contaron que los niños se paraban por la calle para leer los letreros de los establecimientos y que ya no era posible ir de paseo con ellos. Era evidente que los niños se interesaban en descifrar los signos alfabéticos y no en saber aquellas palabras. Se trataba de escrituras distintas y querían descifrarlas, buscar el sentido de una palabra. Era un esfuerzo de intuición, comparable al que induce a los adultos a permanecer largo tiempo estudiando las escrituras prehistóricas esculpidas sobre la piedra, hasta determinar su sentido y lograr descifrar signos desconocidos. Este era el estímulo de la nueva pasión que nacía en los niños.

Un exceso de celo por nuestra parte en la explicación de los caracteres impresos hubiera apagado este interés y esta energía intuitiva. Una simple insistencia en hacerlos leer palabras en los libros hubiera producido resultados negativos que, para una finalidad sin importancia, hubiera comprometido la energía de aquellos espíritus dinámicos. Así, pues, los libros se quedaron todavía encerrados algún tiempo en el armario. Solo más tarde, los niños entraron en contacto con ellos a consecuencia de un hecho muy curioso. Un niño muy excitado vino un día a la escuela escondiendo en su mano un trozo de papel arrugado y dijo confidencialmente a un compañero: «Adivina lo que hay en este trozo de papel». «No hay nada; es un trozo de papel estropeado». «No. Es una historia…». ¿Una historia allí dentro? Esto atrajo a numerosos niños. El niño había recogido la hoja en un montón de basura, y se puso a leer la historia.

Entonces comprendieron el significado de un libro y desde ese momento, podemos decir que empezaron a aprovechar los libros. Pero muchos niños, al encontrarse con una lectura interesante, arrancaban la hoja para llevársela. ¡Qué libros! El descubrimiento del valor de los libros fue perturbador; el orden pacífico quedó trastornado y fue preciso castigar aquellas manos febriles que destruían por amor. Pero hasta antes de leer los libros y respetarlos, los niños, con alguna intervención, habían corregido su ortografía y perfeccionado tanto la escritura, que se los juzgó equivalentes a los niños de tercer grado de las escuelas elementales. [34]

La lectura y la escritura son los aspectos fundamentales de la cultura, pues sin estas sería imposible desarrollarse en otros ámbitos, pero ninguna de las dos es una facultad intrínseca a la naturaleza humana como sí lo es el lenguaje oral. En especial, la escritura se considera por lo común una tarea tan árida que solo se les enseña a los niños mayores. Pero yo les di las letras del alfabeto a niños de cuatro años, un experimento que ya había hecho con niños que tenían discapacidad mental. Había descubierto que el simple hecho de mostrarles las letras todos los días y compararlas no les causaba ninguna impresión; pero cuando hice tallar letras de madera para que pudieran pasar los dedos por sus huecos, las reconocieron de inmediato. Incluso los niños discapacitados, después de algún tiempo, pudieron escribir un poco gracias a este material. Así descubrí que el sentido del tacto tenía que ser fundamental para los niños que todavía no habían completado su desarrollo y fabriqué letras simples para que las trazaran con la punta de los dedos. Sucedió un fenómeno totalmente inesperado cuando dimos este tipo de ayuda a los niños sin discapacidad. Se les mostraron las letras a mediados de septiembre y ese mismo año escribieron tarjetas navideñas: ¡Increíble! Jamás se había soñado con alcanzar tan

---

34. Montessori, Maria, *El niño. El secreto de la infancia*, pp. 135-138, edición de Kindle.

rápidamente semejantes resultados. Después, los niños empezaron a hacer preguntas sobre las letras y relacionaban cada una con un sonido determinado; parecían pequeñas máquinas que absorbían todo el alfabeto, como si tuvieran en el cerebro un vacío que lo atrajera. Fue sorprendente, pero era fácil de explicar: las letras actuaban como un estímulo que ilustraba el lenguaje ya presente en la mente del niño y le servían para analizar sus propias palabras. Cuando el niño sabía unas pocas letras y pensaba en cualquier palabra que incluyese sonidos distintos de los que él había aprendido a representar, era natural que preguntara por ellos. Sentía una urgencia interior de saber cada vez más y más, y andaba todo el tiempo deletreando para sí las palabras que ya había aprendido a usar en su lenguaje oral. No importaba cuán largas o difíciles fueran, los niños podían representar las palabras que les dictaba por primera vez la maestra con las letras de madera necesarias que estaban en los compartimentos de una caja especialmente preparada. Un maestro dijo una palabra rápidamente al pasar y enseguida se dio cuenta de que la habían escrito con las letras móviles. Para estas criaturas de cuatro años era suficiente escuchar las palabras una sola vez, aunque un niño de siete o más requiere mayor repetición para captar su sonido correctamente. Era obvio que todo esto se debía al periodo de sensibilidad de esa etapa en concreto; la mente era como cera blanda, susceptible a esta edad a impresiones que más adelante, cuando se perdiera esa maleabilidad especial, no sería capaz de tomar.

Un resultado ulterior del trabajo interno que se desarrollaba en el niño fue el fenómeno de la escritura. Al comprender la formación de la palabra a partir de sus sonidos, el niño la había analizado y reproducido externamente mediante el alfabeto móvil. Conocía la forma de las letras porque las había tocado una y otra vez. De ese modo, la escritura fue algo repentino, una explosión, igual que la aparición del habla. Una vez que se ha conformado el mecanismo, que ya está bien desarrollado, surge el lenguaje como un todo, no como suele suceder en las escuelas comunes donde se enseña primero una letra y después la combinación de dos. Si aparecen una o dos letras, pueden aparecer las restantes; el niño sabe cómo se escribe y por lo tanto puede escribir todo el lenguaje. Entonces, escribe continuamente y no por obligación, como una fría forma de cumplir con su deber; lo hace con entusiasmo, obedeciendo a sus impulsos. Aquellos niños escribían con cualquier cosa que tuvieran al alcance de la mano; a veces lo hacían con tizas en la calle o en las paredes; donde hubiera algún espacio, aunque no fuera el lugar adecuado, ellos escribían; ¡hasta una rebanada de pan, como sucedió una vez, les servía para su propósito! Las pobres madres analfabetas, que no tenían lápiz o papel para darles, venían a pedir ayuda a fin de saciar la necesidad de sus hijos. Les brindábamos ayuda y los niños se quedaban dormidos con el lápiz en la mano, escribiendo hasta el último minuto del día.

Al principio pensamos en ayudarlos dándoles hojas preparadas especialmente, con interlineado amplio que se iba estrechando poco a poco; pero pronto descubrimos que estos niños tenían la facilidad de escribir sin ningún problema en cualquier tipo de papel; a algunos les gustaba incluso hacer la letra lo más pequeña posible siempre y cuando fuera legible. Lo más extraño de todo era que todos tenían una letra hermosa, más linda que la de los niños de tercer grado de cualquier otra escuela. Todos escribían en forma parecida, porque todos habían tocado las mismas letras y se les habían grabado las mismas formas en la memoria muscular.

Estos niños ahora sabían cómo escribir, pero aún no sabían leer. A simple vista parecería algo extraordinario y absurdo, pero si se reflexiona sobre el tema se verá que no tenía nada de absurdo. Por lo general, los niños aprenden primero a leer y luego a escribir, pero estos niños primero habían analizado las palabras en su cabeza y las habían reproducido con su alfabeto, una letra al lado de la otra, asignándole a cada una un sonido del idioma ya existente en la mente del niño. Dicha unión entre las letras y el lenguaje se había producido durante el periodo sensitivo del niño, el lenguaje se había multiplicado y ahora lo podían expresar por medio de la mano a través de la escritura y no solamente con la boca a través del habla. Pero todavía no sabían leer, y supusimos que un obstáculo podría ser la diferencia que hay entre la letra de imprenta y la cursiva empleada en la escritura. Estábamos considerando la idea de incluir distintos tipos de letras para solucionar este problema cuando de pronto empezaron a leer solos, y cualquier tipo de letra, hasta la letra gótica de los calendarios. Habían pasado cinco meses desde el primer intento de escribir con el alfabeto móvil, pero nuevamente el niño había sentido una urgencia interior que lo obligaba a esforzarse para entender el significado de esas letras desconocidas. Estaba realizando un trabajo parecido al de los científicos, que estudian las inscripciones prehistóricas en idiomas extraños y luego descifran el significado de esos signos desconocidos por medio de la observación detallada y la comparación. Una nueva llama ardía en el corazón del niño. Los padres se quejaban de que cuando llevaban a pasear a sus hijos, estos se detenían ante cada negocio para desentrañar lo que decían los anuncios. Antes de cumplir seis años, estos niños eran capaces de leer cualquier libro.[35]

La directora presenta al niño dos tarjetas o dos tablas en las que está la letra «i» o la letra «o», diciendo: «¡Esta es la i!», «¡Esta

---

35. Montessori, Maria, *Educar para un nuevo mundo*, pp. 9-11, edición de Kindle.

es la o!» (y hará lo mismo para los demás signos). Le dice que los toque de inmediato, diciendo: «Tócalas» y sin más explicación, induce al niño, haciendo primero como si tocara y, después, si es necesario, conduciendo materialmente el dedo índice de la mano derecha del niño al papel de lija, en el sentido de la escritura. El «saber tocar» y el «no saber tocar» consistirá en conocer el sentido según el cual se traza un determinado signo gráfico. El niño aprende enseguida: y su dedo, ya experto en el ejercicio táctil, es conducido por la suavidad ligera del papel fino de lija, en el trazo preciso de la letra; donde él puede repetir solo indefinidamente el movimiento necesario para producir las letras del alfabeto, sin temor a equivocarse y siguiendo formas caligráficas; si se desvía, la impresión suave enseguida hace que se dé cuenta del error... Por eso, intervienen tres sensaciones contemporáneas cuando la directora hace que vaya y toque las letras del alfabeto: sensación visual, sensación táctil y sensación muscular: de ahí que la imagen del signo gráfico se fije en un tiempo mucho más breve que con los métodos habituales en los que se adquiere solo con la imagen visual. Después, se constata que la memoria muscular es la más tenaz en el niño y, al mismo tiempo, la más rápida. De hecho, él a veces no reconoce la letra viéndola, pero sí tocándola. Asimismo, estas imágenes se asocian simultáneamente a la auditiva del sonido alfabético.[36]

«Observamos a un individuo que escribe, y queremos analizar los actos que hace escribiendo». Los actos hacen referencia a los mecanismos que intervienen en la ejecución de la escritura.

Esto sería realizar el estudio psicofisiológico de la escritura, a saber, hacer un análisis del individuo que escribe, no de la escritura; del sujeto, no del objeto.

---

36. Montessori, Maria, *Educazione alla libertà*, p. 97.

Comenzando siempre por el objeto, en el examen de la escritura, se construía un método.

Un método que parta del estudio del individuo, en lugar del de la escritura, no sería original en absoluto, lejos de cualquier otro método anterior.

Si yo hubiera pensado en darle un nombre a este nuevo método de escritura, al llevar a cabo los experimentos con niños sin discapacidad sin conocer aún los resultados, lo habría llamado método psicológico por la dirección que lo había inspirado. Pero la experiencia me ha dado, como una sorpresa y un verdadero regalo de la naturaleza, otro título: «método de la escritura espontánea».

En la época en la que enseñaba a niños con discapacidad, observé este hecho.

Una niña de once años que tenía normales la movilidad y la fuerza de la mano no conseguía aprender a coser y ni siquiera a hacer el primer punto, es decir, el ensartado, que consiste en pasar algo sucesivamente por encima y por debajo de la trama, cogiendo y dejando pocos hilos.

Entonces, di a la niña las texturas de Froebel, que consisten en meter una varilla de papel transversalmente entre varillas verticales también de papel, fijadas en la parte superior e inferior. Empecé a pensar en la analogía entre las dos obras; y me interesé mucho en la observación. Cuando la niña ya era hábil en los trabajos de texturas de Froebel, hice que volviera a la costura y vi con placer que conseguía hacer el ensartado.

Pensaba que el movimiento necesario de la mano había sido preparado para coser sin coser; y que realmente había que encontrar el modo de enseñar antes de ejecutar; y, especialmente a la hora de preparar movimientos, estos podrían ser provocados e incluso reducidos a mecanismos mediante ejercicios repetidos, distintos del trabajo directo para el cual se estaba preparando: para poder ir a trabajar ya con la capacidad de ejecutar, sin haber trabajado todavía directamente en esa cosa en concreto, y hacerlo casi a la perfección en el primer intento.

Pensé que de esta manera se podría preparar la escritura. La idea me interesó mucho y me quedé maravillada por su sencillez; me sorprendió el hecho de no haber pensado antes en el procedimiento, que me inspiró la observación de la niña que no sabía coser.

De hecho, desde que hice que los niños tocaran los contornos de las figuras geométricas en las uniones planas, solo quedaba hacerles tocar con el dedo también las figuras de las letras alfabéticas.

Hice construir un magnífico alfabeto con las letras en cursiva, de ocho centímetros de alto en el cuerpo de la escritura y las letras de palo proporcionales; las letras eran de madera de medio centímetro de espesor y todas pintadas con esmalte (en azul las consonantes y en rojo, las vocales) excepto debajo, donde había un revestimiento de latón muy elegante fijado con pequeños pernos. A este alfabeto, del que solo tenía una copia, correspondían muchas tablas de cartulina Bristol en las que había pintadas las letras del alfabeto del mismo color y dimensión de las móviles y agrupadas según contrastes y analogías de formas.

A cada letra del alfabeto le correspondía un cuadro pintado a mano en acuarela, donde se reproducía en color y dimensión la letra cursiva y, al lado, mucho más pequeña, estaba pintada la correspondiente letra de imprenta minúscula; con el cuadro, las figuras representaban objetos cuyo nombre empezaba por la letra dibujada: por ejemplo, en la m había una mano y un martillo, en la g, un gato, etc. Estos cuadros servían para fijar en la memoria el sonido de la letra.

Por supuesto, los cuadros no representaban ninguna idea nueva, sino que completaban un conjunto que aún no existía. La parte interesante de mi experiencia fue esta: tras superponer la letra móvil en las letras correspondientes dibujadas en carteles donde estaban agrupadas, hacía que las tocaran en el sentido de la escritura cursiva, repetidamente. Esos ejercicios se multiplicaban después con las letras dibujadas sencillamente en los carteles; así, los niños hacían el movimiento necesario para reproducir la forma de los signos gráficos sin escribir. Aquí tuve una idea que no se me había ocurrido nunca, que en la escritura se realizan dos formas distintas de movimiento: además del mencionado movimiento que reproduce la forma, hay también el del manejo del instrumento de la escritura. De hecho, cuando los niños con discapacidad se habían hecho expertos en tocar todas las letras del alfabeto según la forma, aún no sabían sostener el lápiz en la mano. Sostener y manejar un palito de forma segura corresponde a la adquisición de un mecanismo muscular especial que es independiente del movimiento de la escritura. De hecho, eso es contemporáneo a los movimientos necesarios para trazar todas las letras distintas del alfabeto. Debe existir un mecanismo único junto a la memoria motriz de los signos gráficos únicos. Por eso, quedaba la preparación del mecanismo muscular para sostener y manejar el instrumento de la escritura; y traté de lograr esto añadiendo otros dos tiempos al ya descrito, es decir: el segundo, tocar las letras ya no solo con el dedo índice de la mano derecha, como en un primer momento, sino con dos dedos, el índice y el corazón; el tercero, tocar las letras con un palito de madera sostenido como si fuera un lápiz con el que escribir.

Básicamente, hacía repetir los mismos movimientos una vez sin y otra con el añadido de sostener el instrumento.

Hay que tener en cuenta que el niño debía seguir con el dedo la imagen visual de la letra dibujada. Es cierto que ese dedo ya estaba ejercitado en lo referente a tocar los contornos de las figuras geométricas; pero no siempre estos ejercicios bastaban para ese fin. De hecho, también nosotros cuando por ejemplo jugamos a dibujar, no sabemos seguir perfectamente la línea que vemos y que deberemos repasar. Sería necesario que el dibujo tuviera algo especial, capaz de atraer la punta de nuestro lápiz como un imán al hierro, es decir, que el lápiz encontrara guía mecánica en el papel en el que dibuja para seguir con exactitud el trazo sensible en realidad solo para la vista. Los niños con discapacidad no siempre seguían exactamente el dibujo con el dedo o con el palito: y el material didáctico no ofrecía ningún control al trabajo ejecutado; u ofrecía solo el control incierto de la mirada del niño, que es cierto que podía ver si el dedo iba o no sobre el signo. Pensaba que para ejecutar exactamente los movimientos de la escritura y garantizar su exactitud, o al menos guiar de modo más directo su ejecución, sería necesario preparar formas de letras vaciadas para que estuvieran representadas por un surco en el que pudiera deslizarse el palito de madera. Hice un proyecto para ese trabajo, pero como era demasiado costoso, no pude ponerlo en práctica.

Hablé mucho sobre este método a los maestros en mis lecciones en la Escuela Magistral Ortofrénica, como se muestra en los fascículos del segundo año del curso y de los que conservo todavía unas cien copias, como documento del pasado.

Estas son las palabras que se pronunciaron públicamente hace veinticinco años, permanecían en manos de más de doscientos maestros de primaria, sin que ninguno, como escribió maravillado el profesor Ferreri en un artículo, retratara una idea productiva: «En este momento se presenta el cartel de las vocales pintadas de rojo: el niño ve "delineadas en colores figuras irregulares". Se ofrecen al niño las vocales con signos rojos para superponer a los signos de la cartulina. Se les hace tocar las vocales de madera en el sentido de la escritura y se nombran: las vocales, que se colocan por analogía de forma: o, e, a, i, u.

»Después se dice al niño por ejemplo: "Búscame… ¡la o!", "Ponla bien". Después: "¿Qué letra es esta?". Aquí se verá que muchos niños se equivocan al ver solo la letra, pero la adivinan si la tocan. Se pueden hacer observaciones interesantes detectando los diferentes tipos individuales: visual, motor.

»A continuación, se hace que el niño toque la letra dibujada en el cartel, primero solo con el índice, y, después, con el índice y el corazón, después con un bastoncito de madera agarrado como si fuera el bolígrafo; la letra debe ser tocada en el sentido de la escritura.

»Las consonantes están dibujadas en azul y colocadas en varios carteles según la analogía de la forma: están junto al alfabeto móvil de madera azul, para superponer a las cartulinas como en el caso de las vocales. Al lado del alfabeto hay una serie de otras cartulinas en las que, junto a la consonante igual a la de madera, hay pintadas una o dos figuras de objetos cuyo nombre empieza con la letra dibujada. Delante de la letra cursiva está pintada del mismo color una letra más pequeña de imprenta.

»La maestra, nombrando las consonantes con el método fónico, indica la letra, después el cartel, pronunciando el nombre de los objetos que están pintados y haciendo hincapié en la primera letra, por ejemplo m… manzana: "Dame la consonante m… ponla bien, tócala, etc…". Se estudiarán aquí los defectos del lenguaje del niño.

»Tocar las letras en el sentido de la escritura inicia la educación muscular que prepara para la escritura. Una niña de tipo motor, instruida con este método, ha reproducido todas las letras en bolígrafo, con una altura de unos 8 centímetros, incluso antes de saber reconocerlas, con sorprendente regularidad: esta niña también es muy buena en el trabajo manual.

»El niño que mira, reconoce y toca las letras en el sentido de la escritura, se prepara para la lectura y la escritura simultáneas, no contemporáneas.

»Tocar las letras y mirarlas a la vez fija ante su imagen porque concurren más sentidos: enseguida se separan los dos hechos: mirar (lectura); tocar (escritura). Según los tipos individuales, algunos aprenderán primero a leer y otros, a escribir».

Comencé hace muchos años, siguiendo estas líneas básicas, mi método para leer y escribir. Con gran sorpresa, noté la facilidad con la que un buen día, poniendo una tiza en la mano de un niño con discapacidad, él trazó en la pizarra con mano firme y con caligrafía las letras de todo el alfabeto, al escribir por primera vez. Y esto mucho antes de lo que yo había supuesto: como se dice más detalladamente en los fascículos, algunos niños escriben ya incluso con lápiz todas las letras, con una forma bella, y no saben reconocer ninguna aún. Lo mismo he notado en niños sin discapacidad, como diré: el sentido muscular está desarrolladísimo en la infancia: de ahí que la escritura sea facilísima para los niños. No ocurre lo mismo con la lectura, que comporta un largo trabajo de educación, y exige un desarrollo intelectual superior, porque se trata de interpretar signos, modular acentos de la voz para entender el significado del habla, y todo esto con un trabajo puramente mental, mientras en la escritura con dictado el niño traduce materialmente sonidos por signos y se mueve, algo que para él siempre es agradable y fácil. La escritura se desarrolla en el niño pequeño con facilidad y espontaneidad de forma análoga al desarrollo del lenguaje hablado que es también una traducción motriz de sonidos escuchados. En cambio, la lectura forma parte de una cultura intelectualmente abstracta, que es la interpretación de ideas en los símbolos gráficos y se puede adquirir solo más tarde. [37]

Asimismo, con este método empezó la enseñanza de la lectura al mismo tiempo que el de la escritura. Cuando se presenta al niño una letra enunciando su sonido, el niño fija la imagen con el sentido visual y con el táctil-muscular; y asocia esencialmente el sonido al signo correspondiente, es decir, coge el conocimiento del lenguaje gráfico. Pero cuando ve y reconoce, lee; y cuando toca, escribe; es decir, inicia su conocimiento con dos acciones que, después, al desarrollarse, se separarán para constituir dos procesos distintos de la lectura y la escritura. La contemporaneidad de la enseñanza o, mejor, la fusión de las dos acciones iniciales, pone al niño en una nueva forma de lenguaje, sin que se determine cuáles de las acciones constituyentes deberá prevalecer. Nosotros no debemos preocuparnos si el niño, durante el desarrollo del proceso, aprende primero a leer o a escribir; o si le es más fácil una vía o la otra; debemos esperar la experiencia sin ideas preconcebidas, esperando probables diferencias individuales en el desarrollo predominante de una acción u otra. Esto permite un estudio de psicología individual muy interesante; y la continuación de la dirección práctica de nuestro método, que se basa en la expansión libre de la individualidad. Pero, mientras tanto, se ha establecido que, si el método se aplica en edad normal, es decir, antes de los cinco años, el pequeño escribirá antes de leer, mientras que el niño ya demasiado desarrollado (seis años), leerá antes, con

---

37. Montessori, Maria, *La scoperta del bambino*, pp. 213-218.

un aprendizaje difícil de sus incompetentes mecanismos... Es interesantísimo observar al niño en este trabajo: está intensamente atento al casillero, mientras mueve imperceptiblemente los labios y toma una a una las letras necesarias, sin cometer errores de ortografía. Los movimientos de los labios son provocados por eso, el niño repite para sus adentros un número infinito de veces la palabra cuyos sonidos está traduciendo a signos.

La importancia de estos ejercicios es muy compleja: el niño analiza, perfecciona, fija el propio lenguaje hablado, haciendo corresponder un objeto con cada sonido que emite, y casi manejando una prueba sustancial de la necesidad de emitirlos todos de manera fuerte y clara. Después, ese ejercicio asociativo entre el sonido y el signo gráfico que lo representa prepara unas bases muy sólidas para la ortografía más segura y perfecta. Después, la composición del habla, en sí misma, es un ejercicio de la inteligencia: el niño, en la palabra pronunciada, casi tiene la enunciación de un problema que debe resolver y que resolverá recordando los signos, escogiéndolos en una mezcla y organizándolos convenientemente casi como los términos de una ecuación: y de la resolución exacta de su problema tendrá la prueba releyendo la palabra compuesta; que representa una idea para todos los que sepan leerla. Cuando el niño oye a otros leer la palabra que él ha compuesto, tiene una expresión casi de orgullo satisfecho y durante un largo tiempo, de una especie de asombro y alegría; siente la correspondencia simbólica con los demás, a través de un lenguaje que en aquel momento para él es trabajo y fruto de su propia inteligencia; y junto es privilegio de una superioridad conquistada.[38]

---

38. Montessori, Maria, *Educazione alla libertà*, pp. 100-101.

Bibliografía

Bentivoglio I., Rescaldina G., *Il corsivo encefalogramma dell'anima*, Librería Editrice La Memoria del Mondo, Magenta, 2017.

Cotrufo T., *MeravigliosaMente, come nasce, cresce e si sviluppa il nostro cervello*, Gribaudo, Milán, 2016.

Montessori M., *La scoperta del bambino*, Garzanti, Milán, 1991.

Montessori M., *Educar para un nuevo mundo*, edición de Kindle.

Montessori M., *El niño en familia*, edición de Kindle.

Montessori M., *El niño. El secreto de la infancia*, edición de Kindle.

Montessori M., *La educación de las potencialidades humanas*, edición de Kindle.

Montessori M., *Educazione alla libertà*, Laterza, Roma-Bari, 1999.

Montessori M., *La mente absorbente del niño*, edición de Kindle.

Montessori, M., *Psicogeometria*, Opera Nazionale Montessori, Roma, 2012.

Montessori M., *Psicogrammatica*, Franco Angeli, Milán, 2017.

Oliverio A., *Geografia de la mente. Territori cerebrali e comportamenti umani*, Raffaello Cortina Editore, Milán, 2008.

Oliverio A., *Il cervello che impara. Neuropedagogia dall'infanzia alla vecchiaia*, Giunti, Florencia, 2017.

«Quaderno Montessori», año X, 1993, n. 39.

Regni R., Fogassi L., *Maria Montessori e le neuroscienze*, Fefé Editore, Roma, 2019.

Agradecimientos

de Laura Beltrami

Gracias de todo corazón a Daniele Novara que hace muchos años soñó con este libro y me hizo participar en el proyecto. Cuando se camina en buena compañía, siempre llegan los frutos.

Gracias a los colegas del CPP con los que comparto la pasión por la educación. Un agradecimiento especial a Lorella Bocalini, una valiosa compañera de reflexiones sobre Montessori y otros temas, y a Laura Petrini por la disponibilidad y el debate generoso y claro.

Gracias a Cecilia Quagliana por el tiempo dedicado.

Gracias a Chiara Pupillo, que custodia con cuidado las manos de sus alumnos.

Gracias a Federico, que ha acompañado también este proyecto. A Irene que me ha enseñado cuántas cosas se pueden construir con las manos. A Davide que tiene manos curiosas y capaces. A Marta que me recuerda lo preciosas que son las manos pequeñitas.

L.B.